Le Centre d'Information sur les Nouvelles Religions (C.I.N.R.)

Dans un esprit d'ouverture, son but est de favoriser l'intelligence critique et le discernement spirituel concernant les nouveaux groupes spirituels et religieux (sectes ou autres).

La Collection «Rencontres d'aujourd'hui»

Comité de direction:
Richard Bergeron, André Charron et Yvon Lepage.

Elle publie des ouvrages d'initiation sur différents aspects du nouveau phénomène religieux présent au Québec comme ailleurs en Amérique ou en Europe. Elle présente des petites monographies:

- sur les nouveaux groupes spirituels et religieux qui sont apparus en marge de l'Église catholique et d'autres Églises traditionnelles,
- sur différents thèmes pertinents à la nouvelle pluralité religieuse.

L'objectif de la collection est de développer l'intelligence critique et d'apporter des éléments de discernement chrétien.

Folies ou Thérapies ?

Regard clinique sur les nouvelles religions

Données de catalogage avant publication (Canada)

Pelletier, Pierre, 1933-

Folies ou thérapies? : regard clinique sur les nouvelles religions

(Collection Rencontres d'aujourd'hui; 6)

ISBN 2-7621-1440-3

1. Psychologie religieuse. 2. Sectes – Aspect psychologique. 3. Santé mentale. I. Titre. II. Collection.

BL53.P44 1989 291.4'2'019 C89-096500-2

Maquette de la couverture: **Sylvie Morissette** et **Gilles Boulerice**.

Dépôt légal: 2e trimestre 1989. Bibliothèque nationale du Québec.

CENTRE D'INFORMATION
SUR LES NOUVELLES RELIGIONS

— REGARD CLINIQUE
SUR LES NOUVELLES RELIGIONS

PIERRE PELLETIER

FOLIE OU THÉRAPIES ?

éditions fides

À la mémoire de
Roland Chagnon
(1939-1989)
honnête et généreux
explorateur
des nouveaux courants
spirituels et religieux

Introduction

Pour plusieurs observateurs, croyants ou incroyants, le phénomène des nouvelles religions, voire aussi celui des groupes de «développement mental» ou «de croissance», est de l'ordre de la folie et de l'exploitation des masses naïves.

Suivre une doctrine importée, qui n'a pas de prestige social, qui demande du temps et de l'argent, impose parfois des pratiques et des vêtements bizarres, souvent une morale stricte, tout cela pour plusieurs est à faire pleurer de tristesse ou rugir de colère, surtout dans une société dont certains croyaient qu'elle s'était à tout jamais «débarrassée» de la religion.

Non pas que l'on adhère soi-même à d'autres credos. Simplement parce que l'on estime, au nom du «bon sens» ou du cynisme, que cela est «fou». (Voir, par exemple, la série d'articles que Pierre Foglia a consacrés aux «manipulateurs d'âmes» et dont les sous-titres donnent une idée du jugement de l'auteur sur ces groupes: «Nouvel Âge: l'âge du concombre», «Le dressage de la bête», «Popsicle» (FOGLIA, 1988).

Or, dire qu'une personne est saine, malade ou folle, que

son comportement est sain ou «fou», c'est cela le «regard clinique».

Ce «regard» est né au XVIIIe siècle et il a remplacé dans la modernité le regard théologique ou religieux. Selon ce dernier on pouvait dire qu'une personne était dans l'ignorance coupable, dans l'erreur, dans le péché, qu'elle était possédée du démon, hérétique, schismatique. On jugeait les personnes et leur comportement à partir de vérités dogmatiquement reçues et immuables. Le «regard clinique» au contraire se veut libéral, «ouvert», et ne juge qu'en fonction de la santé mentale.

Deux siècles de modernité nous ont cependant appris les dangers que comporte ce genre de jugement libéral, ouvert et soi-disant objectif. Chacun sait maintenant que dans certains pays on a mis les dissidents dans des hôpitaux psychiatriques en disant non pas qu'ils étaient dans l'erreur mais qu'ils étaient «fous», «malades».

Le même danger nous guette tous. Lorsque nous nous prononçons sur la «folie» de quelqu'un il est souvent sage de nous demander si nous ne sommes pas tout simplement en désaccord avec ses idées, ses comportements. Nous disons qu'il est «fou» parce qu'il ne serait pas bien vu au nom de l'«ouverture» et de la «liberté» de dire carrément que nous le croyons dans l'erreur et que nous lui refusons le droit d'y être.

Nous sommes là, on l'aura compris, devant une caricature du regard clinique qui fait simplement remplacer mal par folie, méchant par malade, pécheur par pervers, parce que cela fait plus moderne. Mais ce seul changement de termes ne nous a pas, contrairement à ce que l'on pense, sortis du dogmatisme, dont souvent d'ailleurs on accuse les «fous».

Dans ce texte nous tenterons un regard clinique qui ne consiste pas uniquement en un changement de vocabulaire. C'est dire que notre point de vue sera celui de la santé mentale et non de la vérité doctrinale ou de la normalité statistique. Aussi ne faudra-t-il pas s'étonner si nous donnons l'impression d'être relativistes: toutes les religions seraient-elles bonnes? Du point de vue où nous nous plaçons, le seul postulat acceptable est «oui», si elles sont un apport positif à la santé mentale, et «non», si elles rendent malades, fussent-elles les religions les plus «vraies» et les plus théologiquement étayées.

Notre position est méthodologique: nous ne pensons pas que le but ultime de la religion est la santé mentale. Mais, contrairement à la plupart des nouveaux groupes religieux qui prétendent comprendre et sauver le tout de l'homme sans recours à une approche autre que religieuse, nous pensons que la quête de Dieu, de Brahman ou du Nirvâna, peut se vivre de façon saine (mentalement) ou de façon malsaine. Nous pensons aussi qu'une approche des phénomènes religieux sous l'angle des sciences humaines peut apporter un éclairage intéressant sur des conduites qui, dans certains cas, ne sont pas faciles à distinguer de conduites liées à la maladie ou à la folie.

Pour la plupart des nouvelles religions, une approche comme la nôtre est un manque de foi, un manque de confiance dans le Maître, dans la Voie et dans le groupe. S'il est vrai que les occidentaux sont facilement tombés dans le réductionnisme (la religion, ça n'est que de la névrose, de la politique, de l'économie; l'amour, ça n'est qu'une question d'hormones et de chimie...), il est également vrai par contre que la suffisance des nouveaux groupes religieux risque d'enfermer leurs adeptes dans une rigidité naïve et fidéiste, dont toute critique et toute intelligence sont absentes, et qui, de ce fait, risque trop souvent d'être pathologique. La possibilité de pathologie est inhérente à tout être humain et à tout groupe. Aussi le pire danger qui menace un groupe est-il de croire qu'il en est exempt, en vertu de son origine divine, de la présence de l'Esprit, en vertu des dons surhumains de son chef ou de la pureté de sa doctrine. Les événements viennent, parfois cruellement, rabattre ces prétentions et il suffit de quelque distance dans le temps pour voir que cette prétention à la pureté a entrainé la dégénérescence de nombreux groupes religieux, qui, lorsqu'ils étaient nouveaux, se croyaient exempts de tout péché et de toute insanité.

C'est donc par souci de méthode et non par confusion entre vie religieuse et vie psychique que systématiquement dans ce texte nous envisagerons la démarche religieuse sous l'aspect de la «santé mentale»[1], et aussi avec la conviction que les meilleures énergies et les meilleures intentions risquent de sombrer dans la stérilité ou dans les pires aberrations si on ne se soucie guère de leur santé mentale.

L'auteur de ce texte a, comme tout le monde, ses préférences doctrinales et ses propres choix religieux. Il serait illusoire de prétendre le contraire. Si en effet le psychanalyste est «neutre» dans son travail clinique, il ne peut l'être dans sa vie personnelle, qui, comme celle de tout être humain, implique des choix et des préférences. Parmi les grands psychanalystes français avec qui j'ai eu le privilège de travailler, l'un avait naguère distribué les tracts du Parti Communiste alors qu'une autre expliquait à la radio sa conviction que la foi chrétienne résiste au «risque de la psychanalyse» (DOLTO,

1980). En mai 68, à Paris, il y avait beaucoup de psychanalystes de part et d'autre des barricades...

Mes choix personnels apparaîtront de façon assez explicite dans les chapitres 6 et 7 de ce texte. Il est cependant possible qu'ils transparaissent dès les premiers chapitres, qui cependant se veulent plutôt cliniques et, en ce sens, «neutres». Puisque l'objectivité consiste le plus souvent, surtout en matière de religion, à reconnaître sa subjectivité, peut-être n'est-il pas inutile de dire que je suis un chrétien de tradition catholique romaine. J'ai de très grandes affinités avec la tradition bouddhique, tibétaine plutôt que zen (encore question de tradition!). J'ai fréquenté de nombreux groupes de croissance et de développement de la conscience et j'ai travaillé très étroitement comme thérapeute avec le *training est* et le *Forum* qui lui a succédé. Enfin, je fais le métier de psychanalyste (freudien plutôt que jungien) depuis près de vingt ans et c'est sans doute ce métier qui m'a le mieux appris à comprendre que quelqu'un n'est pas nécessairement «fou» parce qu'il est différent.

Les idées, les convictions, les activités de chacun font partie d'un ensemble où une personne, avec son histoire, ses conflits, sa «névrose», trouve un certain équilibre et une certaine santé: c'est cet équilibre qui, fût-il différent de celui de la majorité des humains, fait en sorte que cette personne est saine. Le fait d'être différent ne signifie pas que l'on est sain ni non plus le fait d'être comme tout le monde ou de partager les idées, les préjugés, le scepticisme ou le cynisme du plus grand nombre.

Pour élaborer notre «regard clinique», nous commencerons par voir ce que les adeptes de nouveaux groupes religieux disent d'eux-mêmes: nous verrons qu'ils se perçoivent comme très sains. Puis, dans le même chapitre, nous dirons un mot des inquiétudes des proches de ceux et celles qui décident d'adhérer à ces nouveaux groupes ainsi que des doléances de ceux et celles qui quittent ces groupes: la «santé» mentale des nouveaux groupes est pour eux beaucoup moins évidente.

Ensuite (chapitre 2), nous consulterons le rapport Hill, qui tente de voir, du point de vue du législateur, si les nouveaux groupes représentent un danger pour la santé mentale de leurs adhérents. Puis nous verrons quelles pathologies principales peuvent se retrouver dans des groupes religieux: ce sera l'objet des chapitres 3 à 5. Dans les chapitres 6 et 7 nous proposerons un certain nombre de considérations, moins cliniques et plus métapsychologiques ou philosophiques, sur des aspects où religion, théologie, philosophie et santé mentale se rejoignent ou se recoupent. Nous reviendrons ensuite (chapitre 8), à un regard plus clinique, avec lequel nous conclurons.

1

Les nouveaux groupes: folies ou thérapies?

En psychanalyse, le point de départ de notre travail est le discours, la parole du patient. Celui-ci raconte sa vie, son passé, dit ses espérances, ses rêves, ses fantasmes, ses angoisses, ses amours et ses haines. Dans ce discours, attentivement écouté, le psychanalyste voit des liens, des omissions, des illusions, des "mensonges", du sens jusque là ignoré ou méconnu.

Dans une perspective analogue, il nous paraît intéressant de commencer notre démarche en écoutant ce que les nouveaux groupes religieux disent d'eux-mêmes en regard de leur santé mentale[2].

Les membres des nouveaux groupes religieux, des groupes de développement ou de croissance disent que leur groupe leur donne une raison de vivre: préparation de la fin des temps, avènement du Royaume, libération des limites de l'ego, sortie de la fermeture malheureuse et stérile sur le petit moi quotidien, contribution à l'avènement de la nouvelle conscience, de la nouvelle «race» ou du nouvel âge. Ces raisons de vivre et de mourir sont d'autant mieux appréciées que souvent elles remplacent une sensation d'absurdité, un état lancinant de dépression, voire la velléité ou le désir de mourir, qui se sont parfois manifestés dans des tentatives de suicide.

Ce sens de la vie, il est partagé dans un groupe, un groupe habituellement restreint, chaleureux, accueillant, où l'on vous connaît par votre prénom, on s'occupe de vous, on se soucie de vos progrès, on vous soutient dans vos doutes et vos hésitations. Ainsi, plusieurs, sinon tous les membres de ces groupes, peuvent-ils sortir, souvent pour la première fois de leur vie, de l'anonymat et de la solitude qui leur pesaient, soit parce qu'ils sont seuls dans la vie, soit parce que leur travail les a réduits à n'être qu'un numéro dans le vaste engrenage bureaucratique de la société contemporaine.

Grâce à ces nouveaux groupes, plusieurs qui n'avaient jamais joué de rôle important dans la société se voient confier des responsabilités: cours, conseils, tutorat. Ils partagent les soucis et les fardeaux du fondateur ou du Maître, qu'ils côtoient souvent de près. Ils ont trouvé un statut social valorisant, du prestige, de l'admiration, de la reconnaissance. Plutôt que de se voir confiner à un rôle passif de pur auditeur de sermons ou de pur exécutant de directives, ils sont invités à lire, à étudier, à poser des questions, parfois à raconter leur expérience, que tout le monde écoutera avec sympathie et dont on discutera avec intérêt. On n'est plus un pion, un consommateur, mais *quelqu'un*, reconnu, aimé, choisi, appelé, en vue de la Connaissance, de l'Éveil, du Salut, de la «transformation». En somme, on a non seulement retrouvé sa dignité mais on fait aussi partie d'une élite.

Dans une société dure, matérialiste, compétitive, voire arrogante et malhonnête, avec laquelle certains n'arrivent pas à faire de compromis, le groupe religieux ou le groupe de développement ou de croissance se présente comme honnête et intègre, compréhensif, soucieux de valeurs spirituelles ou humaines, capable de pardonner les erreurs. Il accueille ceux qui estiment, selon les critères conventionnels, avoir raté leur vie, ne pas avoir répondu à leurs ambitions et à leurs rêves, leur faisant voir que c'est peut-être ce soi-disant échec qui les a conduits vers la «lumière», vers le «Soi profond ». De plus, certaines tendances ou certains traits de caractère, comme la timidité ou la naïveté, ou, dans d'autres groupes, l'originalité ou la rêverie, que «le monde» considère comme des tares, comme des obstacles au succès, sont reconnus comme des vertus utiles au progrès spirituel ou au développement du «potentiel» de chacun.

Le culte de la raison, l'esprit critique, la révolution scientifique, s'ils procurent de grandes joies aux scientifiques et aux intellectuels, ont contribué à vider de tout mystérieux l'univers du commun des mortels. Chacun se dit que la science expliquera bien un jour, grâce à une démarche savante qui est inaccessible à la plupart, ce qui peut encore sembler étonnant. Les voyages dans l'espace sont devenus presque banals, on «fait» des bébés en laboratoire, on transplante des cœurs. On a en quelque sorte banalisé ce qui avait toujours été objet de rêverie, de romantisme, de mystère. Ainsi désacralisé, l'univers du commun des mortels est souvent austère et plat: on n'ose plus avoir la naïveté de croire qu'il y a quelque part des mystères qui échappent à la génétique, à la médecine, à la psychologie. À moins d'être soi-même un savant, on s'ennuie très souvent dans cet univers dont on pense qu'il sera un jour entièrement compris et expliqué.

Or la plupart des nouvelles religions et des nouveaux groupes viennent, sur ce point, apporter un bain de fraîcheur et de vie, faire redécouvrir la *magie,* le *merveilleux,* le *sacré.* Merveille du soleil que le Créateur fait lever sur sa création, du hasard qui devient providence ou synchronicité, magie des guérisons, du pouvoir de la pensée, des paroles et des rites, accès aux vies antérieures, aux secrets de l'avenir de l'homme et du cosmos. Accès à une connaissance supérieure, redécouverte de la pensée non-discursive, intuitive, instantanée.

Charismes, dons, connaissances ésotériques, mystères tantriques, le merveilleux reparaît dans plusieurs nouvelles religions, redonnant à l'adepte une capacité d'émerveillement, une ouverture naïve, qui font paraître bien grise la vision maintenant courante des sociétés industrielles, voire des grandes Églises, devenues trop raisonnables et trop sèches.

Si ce merveilleux est mieux perçu et connu par le Maître et les disciples plus avancés, il est accessible à tous, et, dans bon nombre de groupes, on incite chacun à cultiver l'expérience, voire à ne se fier qu'à elle et à ne tendre qu'à elle: expérience individuelle ou collective de la rencontre avec Jésus, de la présence de l'Esprit, expérience de la Connaissance, expérience du Soi ou du Vide. Cette expérience n'est pas réservée à quelques rares mystiques et n'est plus enfouie sous des dogmes ou sous des lois sans âme. Si le dogme sec et les lois imposés par les grandes religions les ont rendus tristes et misérables, les adeptes des nouveaux groupes religieux et des groupes de développement et de croissance célèbrent l'«expérience» qui les rend joyeux, enthousiastes, libres et reconnaissants.

Les nouveaux groupes prescrivent ou offrent à leurs membres un code d'éthique, un idéal moral, qui les satisfait davantage que celui de leur passé. Il y a, d'une part, les groupes (surtout de foi biblique) qui prescrivent un mode de vie très strict: interdiction de certaines pratiques sexuelles, condamnation absolue de l'union libre, de l'homosexualité, de tenues vestimentaires dites provocantes, de la danse, de certaines musiques, de certaines fêtes. Plusieurs apprécient beaucoup le fait que, grâce à ces prescriptions détaillées, ils savent à quoi s'en tenir: ils ont la conscience tranquille et ils sont assurés de leur salut. Ils se sentent libérés de la culpabilité, de l'insatisfaction, du malaise que leur causaient les trop nombreux compromis de certaines Églises avec le monde et donc avec Satan, et le «laxisme pratique» des catholiques ou des protestants libéraux, qui les fait se comporter, estime-t-on, comme les païens que la Bible condamne avec virulence.

Certains groupes libèrent leurs membres de la culpabilité en leur proposant un tout autre idéal. Ils estiment, en effet que la libération des énergies sexuelles est le premier pas de la libération des énergies cosmiques et spirituelles.

D'autres, plus nombreux, disent que la sexualité et le corps sont foncièrement bons et qu'il faut s'en occuper avec art, que la sexualité est affaire non de péché mais de responsabilité, que c'est l'*attitude* qui compte et non l'acte «objectif». Ces groupes mettent l'accent sur la bonté fondamentale de l'être humain, voire sur ses capacités infinies et sa liberté par rapport aux lois, considérant que l'homme peut faire des erreurs, agir par ignorance ou de façon irresponsable, mais n'est jamais foncièrement condamnable, s'il poursuit, malgré tous ces détours, son cheminement vers la santé, la responsabilité, le service de l'autre, vers le «spirituel».

Les membres de ces groupes célèbrent avec joie leur découverte des maîtres et des doctrines qui les ont enfin libérés de la conscience malheureuse, coupable, voire scrupuleuse, qu'ils avaient héritée de leurs parents, de leur école, de leur curé. Ils se réjouissent de pouvoir faire une démarche de croissance ou une démarche spirituelle qui n'est pas centrée sur le péché et la peur, comme celle de leur enfance et de leurs parents.

Il existe un autre trait commun à la plupart des nouveaux groupes: le rôle important joué par le fondateur, le Maître, le Gourou, l'Ancien. Ce chef spirituel possède habituellement beaucoup de charisme, et, dans quelques cas, beaucoup de connaissances et de culture. On le perçoit comme l'héritier d'une longue tradition de sagesse, comme le bénéficiaire privilégié d'une conversion radicale ou d'une rencontre exceptionnelle, comme celui qui a atteint la sagesse après de longues et pénibles recherches, ou parfois simplement, notamment dans les «groupes de développement», comme un visionnaire génial et un pédagogue exceptionnel. Dans tous les cas, il devient l'être le plus important pour ses disciples ou ses élèves: souvent on parle comme lui, on s'habille comme lui, on prend soin de lui, on l'écoute avec ravissement, on lit ses ouvrages, on fait circuler ses cassettes, on suit ses déplacements, on se soucie de ses humeurs et de sa santé, sur lesquelles plane parfois une mystérieuse obscurité.

En lui (parfois en elle), chacun découvre une image paternelle (et maternelle) bonne, rassurante, à la fois exigeante et compréhensive, qui vient remplacer le Dieu courroucé et lointain de l'enfance, les parents absents ou frustrants, les idoles qui ont déçu, qu'il s'agisse d'Elvis, de tel ou tel professeur, de tel prêtre, qui n'ont pas correspondu à l'image que l'on se faisait d'eux, qui n'ont pas répondu aux espoirs que l'on fondait sur eux.

Les adeptes des nouveaux groupes savent bien que plusieurs les trouvent insensés de porter une telle dévotion à un être humain, surtout dans un siècle de démocratie où les chefs sont parfois adulés, mais le plus souvent critiqués et rapidement détrônés. Mais ces disciples nous rappellent qu'ils lui doivent tout, à ce maître, à ce gourou: la Bonne Nouvelle, les Enseignements, la Voie vers le Salut, l'Éveil ou la Connaissance, la redécouverte de la vie, de l'espoir, de la paix et de la liberté. C'est grâce à lui, nous rappellent-ils, qu'ils osent affirmer leur liberté, leur indépendance à l'égard d'une société absurde, qui les a meurtris ou étouffés, à l'égard d'une religion traditionnelle qui les a ennuyés et culpabilisés, de parents qui les ont fourvoyés. Comment ne pas ressentir envers ce Maître une reconnaissance sans bornes, voire de la dévotion et de l'amour ?

Ce rapide survol, s'il ne rend pas justice aux nuances sans nombre qui distinguent les nouveaux groupes et aux différences que l'on peut trouver entre les membres d'un même groupe, selon leur âge, leur passé, leur éducation, nous donne cependant une idée du discours que peuvent tenir sur eux-mêmes les adeptes de ces groupes.

Même si la plupart d'entre eux n'apprécient pas beaucoup le regard clinique, ce qu'ils nous disent, en somme, c'est que, grâce à leur groupe, ils ont trouvé un équilibre, une santé mentale, qu'ils n'avaient jamais connus auparavant, qui satisfont pleinement leurs attentes. Ils ont trouvé un sens à la vie, leur dignité d'être humain. Ils ont trouvé un groupe qu'ils aiment et où ils sont entourés et aimés. Ils ont redécouvert la beauté, voire la *magie* de la vie et de l'univers, une morale qui les satisfait et une figure paternelle qui les comble.

Il est certain que ce sont là des composantes importantes de la santé mentale et il n'y a pas de doute que c'est grâce à de telles valeurs que plusieurs de nos contemporains échappent au désespoir, à la dépression, à l'isolement, à la léthargie, et trouvent une réponse à leur recherche de sens, d'amour, d'absolu, une alternative au confort et à l'indifférence.

Les proches et les amis des adeptes et des dévôts ne sont cependant pas aussi convaincus de la santé mentale des groupes où leurs parents, leurs enfants ou leurs amis apparemment s'engouffrent. Après avoir écouté les adeptes des nouveaux groupes, nous allons écouter ce que disent habituellement leurs proches et leurs amis.

Parmi les doutes et les critiques émis par les proches, certains sont très superficiels, conformistes et fondés sur des préjugés: on reproche par exemple aux nouveaux adeptes de passer trop de temps en réunions ou en sessions, d'y dépenser trop d'argent. Mais si une personne seule ou un couple préfère passer ses soirées ou ses fins de semaine en réunions ou en sessions plutôt que devant la télévision, il est possible que ce soit là une décision très sage. S'ils veulent passer leurs vacances en «groupe de croissance» ou en méditation, s'ils préfèrent Esalen[3] au Club Méditerranée, il est également possible que cela soit fort intelligent. S'ils veulent donner une part de leurs économies à leur groupe plutôt que de s'acheter une

Cadillac ou une Audi, il se peut que cela soit plein de bon sens.

Estimer que, dans tous les cas, les choix des dévots et des adeptes sont insensés, cela peut signifier que le seul critère de santé mentale que l'on retient est de faire comme tout le monde, même si ce que tout le monde fait est complètement fou.

Les proches et les amis formulent cependant des interrogations beaucoup plus sérieuses. Ils ne comprennent pas, par exemple:

— qu'un père de famille, avec de jeunes enfants, passe ses vacances et de nombreuses soirées et fins de semaine dans des groupes ésotériques et qu'il profite du moindre temps libre pour se plonger dans ses livres et ses cassettes, essayant souvent de les partager avec des amis et des visiteurs qui n'en veulent rien savoir et se sentent presque violés par ces intempestives cassettes;

— qu'un père de famille, avec de jeunes enfants, refuse de fêter leur anniversaire, de leur donner des cadeaux à Noël, parce que son Église dit que ces fêtes ne sont pas prescrites par la Bible;

— qu'un époux cesse de célébrer son anniversaire de mariage et l'anniversaire de naissance de sa femme, parce qu'il s'agit là, dit son groupe, de pratiques «païennes»;

— qu'une mère de trois enfants de dix à quinze ans quitte son foyer pour se joindre à une communauté où Dieu, à ce qu'elle dit, l'appelle de façon pressante, et où on l'accepte;

— que des jeunes femmes soient invitées par leur

«maître» à manifester l'amour de Dieu à des hommes désabusés, en leur offrant leurs corps, dans des bars;

— qu'un jeune et beau disciple soit chargé par son «maître» de faire des enfants à la femme de celui-ci, sous prétexte qu'il a eu une vision à ce sujet ou qu'il ne peut plus avoir de relations sexuelles avec sa femme, et qu'il faut assurer la succession;

— que, dans un couple, chaque fois qu'il y a un malaise ou un conflit, un des conjoints refuse d'entendre et de donner des explications, de dire ce qu'il ressent, de dialoguer, préférant citer des versets de la Bible ou déclarer que tout cela se réglera par la méditation;

— que des dévots truffent toutes leurs conversations de paroles du «maître», d'anecdotes sur le «maître», ou encore de citations de la Bible, laissant croire qu'ils ont perdu toute faculté de réfléchir et de penser par eux-mêmes.

Si les parents et amis ont quelque raison de s'inquiéter, les anciens adeptes en ont souvent de regretter leur «aventure» dans un groupe. Cette «aventure» est souvent sans conséquences graves. Plusieurs groupes de développement et de croissance offrent des sessions, puis laissent les participants assez libres de revenir, sans exiger d'engagements importants. Il y a même des organismes, comme le *Forum* de Werner Erhard, dont on ne peut pas être «membre», sauf si l'on fait partie du personnel. Plusieurs groupes religieux comptent aussi un très grand nombre de sympathisants, qui suivent des sessions, participent pendant quelque temps aux activités du groupe, sans jamais s'engager profondément, sans devenir des adeptes, des dévôts. ou des initiés (voir CHAGNON, 1988). Souvent cette participation «lointaine» est bénéfique. Elle fait réfléchir, et c'est parfois l'occasion pour certains participants de redécouvrir leur propre tradition, ou de faire, pour la première fois de leur vie, une option sérieuse et profonde.

Ceux et celles qui se sont impliqués profondément dans des groupes religieux et qui les quittent en sortent souvent très meurtris. Ils ont l'impression qu'ils ont été insensés, qu'on les a trompés, qu'ils se sont fait «avoir». Ils en veulent aux amis qui les ont entrainés, au gourou ou au pasteur qui les a séduits, et ils s'en veulent surtout à eux-mêmes d'avoir été si naïfs. Parfois, leur vie professionnelle est sérieusement compromise: ils ont laissé un emploi que leur groupe religieux jugeait incompatible avec la foi, ils n'ont pas poursuivi leurs études parce que le groupe décourageait, la fin des temps étant proche, la science et l'art étant démoniaques, la poursuite des études. Parfois leur vie conjugale et familiale a été totalement détruite ou sérieusement compromise. Leurs anciens amis ne sont plus là et les amis qu'ils se sont faits dans leur groupe refusent maintenant de les voir, évitent même de les croiser et de leur parler. Dans plusieurs cas d'ailleurs leur groupe leur a dit que leur départ était l'œuvre de Satan et que les punitions ne tarderaient pas à fondre sur eux, ou encore que les «énergies» qu'ils avaient touchées deviendraient négatives s'ils quittaient le groupe et ses pratiques. Plusieurs rejoignent les rangs de leur groupe après quelques mois d'«apostasie». Peut-être est-ce bien ainsi, dans la mesure où le doute qu'ils se sont permis les a rendus plus lucides sur leur option. Mais on peut aussi se demander s'ils ne sont pas pris dans un triste esclavage, entièrement soumis à la peur.

Par contre, ceux qui ne retournent pas dans leur groupe pensent volontiers qu'on les a exploités, endoctrinés, qu'on a abusé de leur faiblesse psychologique, de leur solitude, de leur besoin d'amour et de leur ignorance.

Avec eux, comme avec les parents et amis de certains adeptes, on peut se demander si l'existence même de ces groupes ne représente pas un danger pour la santé mentale de la population, notamment pour les sujets les plus fragiles et les plus vulnérables, sur lesquels une société se doit de veiller avec un soin particulier.

2

Les nouveaux groupes religieux: un danger pour la santé mentale?

Avant d'aller plus avant, nous croyons utile de nous arrêter quelque peu sur l'objet de notre démarche. Nous parlons des «nouveaux groupes religieux, de développement mental et de croissance». Il y a quelque injustice à réunir sous une même catégorie des groupes aussi différents que ceux auxquels nous nous référons. Il y a les groupes orientaux authentiques, hindous ou bouddhiques, très proches d'une tradition plus vieille que le christianisme, et il y a les groupes d'«inspiration orientale», dans lesquels les orientaux ont peine à se reconnaître. Il y a des communautés musulmanes authentiques. Il y des «sectes» importantes, comme les Témoins de Jéhovah qui comptent plus de trois millions d'adeptes et qui sont chez nous depuis de nombreuses années. Il y a les Mormons, très marginaux ici, mais très respectés en certains États américains. Il y a les adeptes des «Sciences Chrétiennes», très peu nombreux ici mais prestigieux aux USA. Il y a les

«Enfants de Dieu», peu prestigieux mais répandus aux quatre coins du monde. Il y a de toutes petites «sectes» qui n'ont qu'une poignée d'adeptes dans des villages reculés de l'Estrie ou de la Gaspésie, dont ils ne sortent pas. Doit-on inclure dans ces «nouveaux groupes» les églises baptistes évangéliques, très marginales de par leur fondamentalisme, mais qui ont joui de l'appui des derniers présidents américains? Quant aux nouveaux groupes de croissance, on sait qu'ils sont presque aussi nombreux que les «nouvelles religions». Qu'y a-t-il de commun entre «*Écoute ton corps*» et le *Forum* de Werner Erhard?

En fait, une des caractéristiques communes de tous ces groupes est leur marginalité et leur caractère minoritaire en regard des «grandes religions» (les religions chrétiennes occidentales) et des thérapies reconnues par les corporations professionnelles. Au nom de quels principes et de quels critères va-t-on alors interdire certains de ces groupes, puisque le principe même du respect des minorités est en jeu? Va-t-on demander aux «grandes religions» et aux corporations professionnelles de décider? Leur jugement risquerait d'être biaisé et ne ferait que relancer le débat sur leur conservatisme et leur protectionnisme, chacun sachant d'ailleurs que les «grandes religions» et toutes les thérapies furent, en leur temps, marginales et minoritaires.

Ce problème ne s'est pas, à ma connaissance, posé ainsi au Québec, où l'on avait probablement honte d'avoir déjà cadenassé les Témoins de Jéhovah. Il a par contre été clairement abordé en Ontario où le Procureur Général demanda à une commission de scruter la question. En octobre 1978 en effet fut formée une commission de douze membres, sous la direction de Daniel G. Hill, chargée d'examiner les pratiques des groupes de développement mental (*Mind Development*

Groups) et des groupes religieux (*Sects and Cults*), pour voir s'il y aurait lieu de légiférer de façon plus précise à leur endroit. La Commission devait surtout voir si ces groupes étaient dangereux pour la *santé physique et mentale* de leurs recrues, comme le prétendaient plusieurs membres, plusieurs familles de membres, plusieurs municipalités, diverses organisations et plusieurs citoyens. La commission examina les lettres de 559 citoyens ou organismes, favorables ou opposés aux nouveaux groupes, plus de 600 articles de journaux, fit 253 interviews avec des experts (75), des agences gouvernementales (39), des porte-paroles des groupes concernés (10), des anciens membres et leurs familles (73) et des membres actuels (48).

Dans son rapport de plus de 700 pages, présenté en 1980, et que nous désignerons sous le nom de *Rapport Hill*, la Commission essaie de décrire et de cerner le phénomène, elle s'interroge sur la déprogrammation et propose des recommandations dont on ne peut qu'admirer la sagesse et la pondération.

La Commission rappelle qu'on est en présence du droit qu'a chacun d'exercer pacifiquement sa religion et de n'être forcé par personne de faire partie de quelque groupement ou association. Le problème concret devient bien sûr alors de savoir si ces «nouveaux groupes» n'exercent pas de moyens de pression indus pour qu'on y adhère. Sont alors abordés les problèmes de la conversion forcée, du «brainwashing» et de la déprogrammation. Je ne m'arrêterai pas ici à ces questions qui ont été si bien traitées par Roland Chagnon (1987; 1988), dont les vues sont assez proches des conclusions du rapport Hill.

Je mentionnerai seulement une intéressante remarque du

Dr Saul Levine, psychiatre, endossée par le Rapport HILL: «Le facteur qui confond (dans la responsabilité pour la conversion) c'est l'initié ou le converti lui-même... Dans tous les cas que nous avons examinés, les membres, avant de se joindre (à un groupe), avaient comme caractéristiques de posséder des vides significatifs dans leur vie. Ils avaient fait l'expérience de l'aliénation, de la dépression et d'une faible estime d'eux-mêmes, et plusieurs étaient à la recherche de réponses aux grandes questions de la vie. Un groupe qui remplit ces vides et promet des réponses attire ces individus qui ont des dispositions particulières. Mais l'"ingrédient" crucial c'est la prédisposition... L'expérience de la conversion est une révélation pour ces individus... À cause de leur extrême besoin de croire, d'appartenir (à un groupe) et de s'aimer eux-mêmes, le groupe peut n'avoir que peu de choses à faire pour convertir ces nouvelles recrues. Ils le font presque eux-mêmes... le contrôle (du groupe) est presque généré par ces individus eux-mêmes» (p. 545-546).

Quant au «brainwashing» et aux techniques d'hypnose qui seraient utilisés par certains groupes, le Rapport HILL dit qu'il s'agit là de termes tellement vagues, au contenu si peu connu, qu'il se considère incapable de se prononcer sur le sujet et il invite les universitaires et les chercheurs à démontrer la légitimité ou le vide de la *métaphore* du «brainwashing» et à développer des définitions fonctionnelles des pratiques de manipulation de l'esprit (HILL, 542-545, 547-549).

Dans le mandat qu'il confiait à la Commission, le Procureur Général de l'Ontario mentionnait qu'il aimerait voir la Commission l'éclairer sur les soucis qu'on lui avait exprimés à propos des effets des techniques de «développement mental» (*mind development practices*) et des pratiques des sectes et des «nouveaux groupes religieux» (*practices of sects and cults*) sur la santé physique et mentale des membres de ces groupes. (Il devançait de plus de dix ans les soucis et les souhaits du sénateur Jacques Hébert...) La Commission s'empresse de dire que ces soucis étaient bien fondés, la plupart des adversaires des «nouveaux groupes religieux» («anticultists») étant convaincus que plusieurs pratiques de ces mouvements représentaient des menaces sérieuses pour la santé mentale ou physique des membres... voire étaient les causes principales d'une détérioration mentale ou physique (HILL, 550).

La Commission fait cependant remarquer aussitôt que les plaintes reçues parlent toutes en termes de «ont *contribué* à» (la maladie physique ou mentale) et qu'il faut bien reconnaître que plusieurs institutions établies et même largement respectées — universités, religions traditionnelles, organisations sociales — sont aussi sources de stress et *contribuent à* la maladie mentale ou physique de certaines personnes. Cependant, ajoute la Commission, il y a une grande marge entre dire que des pratiques sont des *facteurs* dans l'apparition de certaines maladies et les désigner tout simplement comme la *cause* de la maladie. La Commission refuse de franchir cette marge.» (HILL, 550).

Une remarque de la Commission concerne surtout les groupes de «développement mental» et affirme que le nombre de personnes qui se sont psychologiquement détériorées pendant des ateliers où l'on utilise des techniques de confrontation verbale et parfois physique est relativement peu élevé. Encore là, on estime que le principal facteur est la fragilité ou la sensibilité particulière de l'individu plutôt que les techniques utilisées. Puis-je ajouter que mon expérience auprès d'un groupe de transformation mentale, le «*training est*», puis le «*forum*» (PELLETIER, 1986) me conduit à des conclusions semblables. En 82-83, environ 0,25% des participants au *training* avaient des problèmes psychologiques sérieux pendant l'une des deux fins de semaines intensives (ces problèmes n'avaient d'ailleurs pas toujours des conséquences négatives). Ce pourcentage est descendu à presque 0% depuis 86, sans doute parce que les participants savent davantage à quoi s'attendre, que les animateurs ont plus d'expérience et que les techniques d'intervention se sont adoucies.

Le problème que posent des groupes de ce genre est plutôt celui de la déception après coup: la «transformation totale» promise ne se produit pas toujours ou ne dure pas longtemps, surtout chez des personnes qui ont des problèmes psychologiques d'une certaine importance. Cette déception de plusieurs (mais non de tous) ne suffit évidemment pas à rendre ces groupes psychologiquement dangereux. Cette remarque personnelle rejoint une autre conclusion que la Commission HILL applique à tous les groupes, qu'ils soient religieux ou de «développement mental»: «seul un petit nombre d'anciens membres parlent de l'expérience avec leur groupe de façon totalement négative. La plupart, même s'ils sont désenchantés et déçus de leur ancien groupe, sont relativement sains et reconnaissent que leur participation a eu certains effets positifs».

Pour ce qui est des membres actuels, la Commission rejoint d'assez près le discours que les membres tiennent sur eux-mêmes et que nous résumions dans le premier chapitre: ils dorment mieux, mangent mieux, se sentent plus forts, sont beaucoup moins angoissés et ne prennent plus de médicaments, même si certains d'entre eux ont un «passé psychiatrique». Ils ne se sentent plus aliénés ou démoralisés. Ils ont une plus grande estime d'eux-mêmes. On remarque cependant qu'au début de certaines pratiques, comme l'alimentation végétarienne, la méditation, et en général à l'occasion du changement subit de style de vie qu'implique l'entrée dans un groupe, la santé physique et mentale de certains est affectée au moins temporairement. J'ajouterai que j'ai pu constater, pour ma part, que certains membres de groupes orientaux passent par des périodes qui ressemblent à des «épisodes psychotiques»: émotivité excessive, perte d'intérêt pour les autres et pour la vie quotidienne. Ce genre de phénomènes se produit aussi au cours d'une psychanalyse. Lorsque ces «épisodes» sont encadrés par un groupe accueillant, vécus dans le cadre d'une démarche structurée et cohérente, comme la psychanalyse ou la méditation guidée par un instructeur compétent, ils peuvent être extrêmement bénéfiques et il est bon qu'en ces moments l'entourage ne crie pas trop vite à la «folie» (qui serait en effet à craindre si ces expériences difficiles étaient vécues dans la solitude et sans cadre).

Au terme de ses conclusions, que nous avons très brièvement résumées, la Commission HILL rejette de façon assez globale les allégations selon lesquelles les groupes de développement mental et les groupes religieux seraient en eux-mêmes des dangers pour la santé physique et mentale de la population. Elle n'accepte pas non plus l'idée que l'appartenance à un groupe serait le seul facteur, voire un facteur significatif, dans l'apparition de problèmes psychiatriques chez des membres ou des ex-membres: cette hypothèse, dit-elle, est hautement improbable.

La Commission HILL avait un souci législatif: serait-il possible de prouver, devant des Tribunaux d'une nation moderne, démocratique et libérale, et en respectant les diverses Chartes des droits et libertés, que les ou des groupes de développement mental, que les ou des groupes religieux, forcent des gens à se joindre à eux par des techniques de «brainwashing», causant ainsi de graves dommages physiques et psychologiques à ces personnes? La réponse de cette sérieuse Commission, c'est que cela serait impossible à prouver. Sans doute la Commission reconnaît-elle que certaines allégations des personnes s'opposant à toutes les nouvelles religions («anti-cultists») sont probablement justes, mais elle doute fort que leurs auteurs puissent trouver des fondements de preuve autres que subjectifs, émotifs ou idéologiques, ce qui, bien sûr, a peu de poids devant un tribunal sérieux.

En somme, cette Commission, sans le dire explicitement, nous met en présence du fait que nous sommes dans une société qui, depuis la Magna Carta, et surtout depuis la Révolution française et la Constitution des USA, depuis la Déclaration Universelle des Droits de l'Homme, a fait le choix d'être démocratique, de respecter les droits individuels, dont le droit pour chaque être humain de choisir et de pratiquer la religion de son choix... pacifiquement, et d'appartenir à un groupe de son choix. Si ce groupe fait des actions criminelles, incite à la violence, ne paie pas ses impôts, fraude, il est soumis aux mêmes lois et aux mêmes sanctions que tout le monde et a le droit d'être jugé selon les mêmes processus que tout le monde. Quelle que soit la sympathie ou l'antipathie que l'on éprouve à son égard, il est légalement considéré innocent tant qu'on n'a pas fait la preuve du contraire...sans doute raisonnable.

La Commission HILL nous rappelle en somme que nous avons opté, peut-être sans en être tout à fait conscients, pour une société pluraliste, qui accepte qu'il y ait plusieurs ethnies, plusieurs langues, plusieurs partis politiques et plusieurs religions. Nous avions pensé que cela voulait dire qu'il y avait deux, voire trois religions. Nous devons nous habituer au fait qu'il y en a des dizaines, voire des centaines. C'est le sens qu'ont aujourd'hui le pluralisme religieux et la liberté de religion.

Lorsque la Commission HILL dit à plusieurs reprises que le facteur déterminant dans la conversion, dans les effets psychologiques des groupes, c'est l'individu lui-même, ce que l'on peut comprendre de cela, avec un regard clinique, c'est qu'il appartient à chacun et à chacune de voir si un groupe lui convient ou non. De voir si, étant données ses prédispositions psychologiques, il ou elle est capable de supporter une expérience de confrontation, si tel groupe dont on lui parle ou qu'il ou qu'elle côtoie est sain ou malsain pour elle ou pour lui. Je conviens qu'il y a une part d'utopie dans ces affirmations: on ne connaît pas un groupe en un soir, voire en quelques soirées. Mais il me semble qu'il est possible de garder un certain regard critique sur les gourous, les pratiques, les doctrines, qui permet de voir, pendant les fréquentations de sympathie, au moment de l'adhésion, pendant le cheminement ultérieur, si on est vraiment en train de se sauver ou si l'on est pas en train de s'aliéner davantage et de s'enfoncer encore plus profondément dans la névrose, voire dans la psychose.

Souvent, au moment de s'engager, et plus tard à différentes étapes de leur démarche, les «convertis» demandent conseil à leur famille, à leurs amis, à des pédagogues, à des thérapeutes, à des prêtres. Nous croyons qu'il serait utile, plutôt que de leur dire tout simplement que «c'est mal» ou que «c'est fou», de les éclairer sur le type psychologique du groupe qui les intéresse, de les inviter à voir dans quelle mesure ce groupe peut éventuellement rejoindre ou invalider ce qu'il y a d'important dans leur tradition judéo-chrétienne occidentale, de leur dire quels sont les excès possibles dans ce genre de groupe et de voir si le type psychologique de ce groupe convient à leur propre type psychologique.

C'est cette démarche que nous tenterons d'esquisser dans les prochains chapitres.

3

Une névrose obsessionnelle?

Même si l'on reconnaît avec la Commission HILL qu'il serait impossible de *prouver* que les nouvelles religions sont *causes* de maladie physique et psychologique, on peut néanmoins se demander, en se situant d'un point de vue clinique et non plus législatif, si elles ne sont pas foncièrement pathologiques, sans en conclure pour autant qu'il faudrait poursuivre en justice leurs fondateurs et leurs gourous. Il existe, en effet, beaucoup de personnes et d'institutions qu'on peut considérer par devers soi comme pathologiques, sans prétendre pour autant qu'on devrait les poursuivre en justice. Ce serait le cas de bien des téléromans, de bien des vidéo-clips, de bien des films et de bien des publicités.

Freud estimait que la religion est une névrose obsessionnelle collective qui permet à beaucoup d'êtres humains de supporter la vie et leur évite d'être eux-mêmes des névrosés. Dans cette perspective la religion serait un mal nécessaire à ce stade-ci de l'évolution de l'humanité, où il est encore rare que des humains soient capables de vivre selon la raison et le principe de réalité (FREUD, 1913, 1927, 1930, 1939).

J'ai étudié ailleurs (1981, 1982) la façon dont je comprends cette critique radicale de *toute* religion. Pour le dire brièvement, j'estime que Freud, dans ses grands textes sur la religion, fait une démarche qui ressemble à celle de la théologie. Celle-ci, en effet, part de la foi et élabore les façons dont on peut *comprendre,* d'une manière qui convient à un être intelligent, raisonnable, le fait de croire et le contenu de la foi. Par le fait même, elle montre, non pas qu'on a *raison* de croire, ce qui ou bien détruirait la foi ou bien ne serait que de l'apologétique, mais qu'on a *des raisons,* des motifs raisonnables, de croire, de dépasser la raison sans pour autant s'aliéner dans l'irrationnel.

Freud partait, lui, de l'incroyance, qu'il avait héritée de ses parents, et il a trouvé dans son expérience psychanalytique des *raisons* de ne pas croire, la principale raison étant que la religion peut très bien se comprendre comme une névrose obsessionnelle collective. Nous verrons que les motifs qui l'incitaient à faire ce rapprochement ne manquaient pas. Je ne peux aborder ici cette vaste question de la critique freudienne de la religion et je m'en tiendrai dans ce texte à poser uniquement la question du caractère obsessionnel que peuvent présenter certaines nouvelles religions ou certaines formes de religion.

Lorsque l'on emploie un terme de psychopathologie, il est bon de distinguer différents niveaux de signification[4]. *Obsessionnel,* par exemple, peut désigner un *type* de caractère exagérément minutieux, un *trait* de caractère qui fait qu'une personne affectionne, souvent pour son plus grand bien ou pour l'agacement des autres, l'ordre, le rangement, la propreté, ou, alors, une *névrose* où une personne sent le besoin compulsif (c'est plus fort qu'elle) de se laver dix fois les mains avant de manger, de vérifier dix fois si la porte ou le gaz sont vraiment fermés, de trouver que son plancher n'est jamais assez propre. Lorsqu'il s'agit d'une névrose, on a affaire, par exemple, à des gens qui ne mangent jamais au restaurant parce qu'ils ne sont pas sûrs que la cuisine y est propre, qui ne peuvent aller aux toilettes ailleurs que chez eux, où ils lavent et désinfectent plusieurs fois par jour; des gens, en somme, qui se soumettent eux-mêmes à des rituels qui rendent leur vie pénible et malheureuse.

Sur le plan de la pensée, l'obsessionnalité névrotique se manifeste par le doute constant sur la vérité de ce que l'on pense, par ce que l'on appelle la *rumination mentale* (qui consiste à se répéter inlassablement les mêmes choses, les mêmes phrases que l'on aurait dû dire, les mêmes phrases que l'on dira, et qu'en fait on ne dira jamais). Elle se caractérise aussi par le scrupule, qui est une transposition, au plan de la conscience morale, de la compulsion à l'ordre sans failles, à la propreté sans taches.

En psychanalyse, nous lions l'obsessionnalité à ce que nous appelons un surmoi archaïque. Le surmoi est l'*instance* psychique qui, en-deça de notre conscience morale qui dit ce qui est bien ou mal, nous dit ce qui plaît ou déplaît à l'autre (foncièrement aux parents), et qui nous permettra de survivre ou nous fera mourir. À la période pré-œdipienne (avant trois ans), ces «jugements de valeur», si on peut les appeler ainsi, sont très radicaux. Le jeune enfant en effet, qu'il ait soif ou faim et qu'il ne reçoive pas de réponse adéquate à ses besoins, ressent de la rage vis-à-vis des personnes qui le frustrent. Par un mécanisme naturel, il projette cette rage sur ces adultes et pense qu'ils la ressentent envers lui, qu'ils peuvent même le tuer (comme sa colère l'inciterait lui-même à les tuer). Plus tard, il verra mieux la relativité de sa puissance, et donc de celle des autres, et il verra que les autres peuvent l'aimer même s'ils ne répondent pas à toutes ses demandes et ne satisfont pas tous ses besoins: il en conclura que lui aussi n'est pas obligé, pour être aimé, de répondre à toutes les demandes de l'autre.

De plus, l'obsessionnel agit comme s'il avait commis autrefois un crime, ou comme s'il était sur le point de le commettre. Le contrôle total qu'il essaie d'exercer sur ses actes est une façon d'éviter de commettre ce crime ou alors de se le faire désespérément pardonner. Lorsqu'elle prend une forme religieuse, cette obsessionnalité exige que je sois parfait, parfaitement propre, parfaitement sans souillures, parfaitement conforme à la «loi», sans quoi Dieu va me tuer, me damner, me détruire. Je me dois alors, pour survivre, d'observer avec minutie toutes ses lois, toutes ses volontés, quitte à ce que je doive me tourmenter pour découvrir ou deviner celles-ci.

D'ailleurs, comment pourrais-je être vraiment sûr d'avoir fait exactement ce qu'Il veut que je fasse? La moindre erreur, la moindre faille, la moindre ignorance de sa Loi amènera ma mort, ma destruction. Après n'importe quelle action, surtout si elle correspond à mes désirs à moi et me procure de la jouissance, comment être sûr qu'elle n'a pas été contre *la* volonté menaçante de Dieu, dont j'imagine volontiers que, comme celle des parents qui m'ont frustré, elle ne veut jamais ce que moi je désire?

Dans un tel contexte, le pardon n'existe pas. J'exige de Dieu qu'Il soit parfait (ce qu'Il est, mais non au sens moral de ce terme: n'oublions pas que Dieu n'a pas de morale) et Lui, Il exige de moi la même chose. Si Dieu n'était pas parfait, je serais bien obligé de le détruire, et je «pense» que, si je ne suis pas parfait, Il va me détruire.

En fait, pour Freud, la névrose obsessionnelle est liée au «complexe paternel»: autrefois, dans mon enfance ou dans le passé, j'ai eu le désir de tuer mon père (qui était mon rival) ou je l'ai effectivement, historiquement, tué. Freud pose même ce meurtre comme un fait historique (1913, 1939). Nous pensons maintenant que c'est un fait mythique, ou encore un souhait que l'enfant, avec son fantasme de toute puissance, a imaginé être réel. Pour me faire pardonner ce parricide (ou ce matricide) réel ou mythique, pour éviter que les parents ne se vengent, j'obéis de façon stricte à ce que je crois être leur pensée et leur volonté.

On aura reconnu là bien des traits de la religiosité du catholicisme québécois d'il y a trente ou cinquante ans, fait de scrupule, de non-confiance au pardon, d'inquiétude face à la mort: «s'il fallait que Dieu ne m'ait pas vraiment pardonnée?», quelle pénible chose à entendre, aujourd'hui encore, de la bouche de ces vieilles mamans de quatre-vingts ans qui après une vie de générosité craignent encore d'être damnées pour quelques folies de jeunesse...

Une des façons de sortir de cette angoisse obsessionnelle c'est d'être sûr, sans doute possible, que l'on possède «la vérité» et que l'on fait «la» volonté de Dieu.

Cette sécurité, elle est apportée par les groupes de foi biblique: Dieu a dit «la» vérité et exprimé «sa» volonté dans la Bible, où il dit exactement et explicitement ce qu'il faut penser, comment il faut se comporter, sans que l'on ait à faire un inquiétant détour par la pensée et la conscience. On pige alors, de ci de là mais en suivant les directives strictes des chefs, les «vérités» et les «lois» de Dieu, on s'y tient farouchement. On est sûr d'être sauvé (on tient Dieu à son propre jeu, en quelque sorte) et l'on est également sûr que ses frères et sœurs, qui ne sont pas aussi obéissants, seront, eux, détruits.

Cette démarche religieuse mérite certes notre respect, car elle est l'expression d'une grande peur, d'une profonde angoisse. Mais nous ne pouvons la considérer que comme pathologique, comme une forme de ce que le judéo-christianisme a de plus faible et de plus psychologiquement dangereux. Il est en effet facile d'utiliser dans un sens obsessionnel les colères des prophètes et de Jésus lui-même, en oubliant leur portée pédagogique et en leur donnant un sens dur à portée, disons, ontologique. Il m'arrive de dire à des patients qui m'aiment bien et que j'aime bien que je ne veux plus les revoir si... s'ils continuent à faire des choses qui les tuent. Est-ce à dire que je ne les aime plus et que je veux la destruction dans laquelle ils s'enfoncent eux-mêmes? N'est-ce pas tout le contraire? Comment croire que Dieu veut vraiment détruire ses plus chères créatures qu'Il estime depuis toujours «très bonnes» (*Gen.* 1)? Lorsqu'Il leur dit qu'Il va le faire, n'est-ce pas justement pour les empêcher de le faire eux-mêmes ?

Je sais que jusqu'ici bien des groupes de foi biblique me suivraient en disant que cela est exactement leur message: dire aux hommes la colère de Dieu pour qu'ils se joignent à leur secte qui est la seule choisie par Dieu. Dans une prétention tout obsessionnelle, à vrai dire, selon laquelle la vérité ne peut avoir qu'*une* forme, *un* visage, *un* style, *une* secte, les autres étant malpropres, désordonnés, mauvais, voués à la mort. Une des caractéristiques principales des obsessionnels est la rigidité: mon groupe et moi ne faisons *que le bien,* les autres ne font *que le mal.* Mon chef spirituel est *le seul bon et authentique,* les autres ne peuvent être *que des antéchrists et des suppôts de Satan.*

À cet égard on ne peut que s'inquiéter de la santé et de la survie de bien des nouvelles religions. Les religions qui ont traversé les siècles jouissaient toutes d'une constante possibilité d'auto-correction et d'un certain pluralisme qui leur ont permis de conserver une certaine santé: méditation qui vient corriger les abus de l'action, service du prochain ou travail manuel qui rectifient les propensions au mépris du monde, modes de succession ou de consultation qui empêchent les abus d'autorité ou qui, du moins, réparent les dégâts causés par les cultes de la personnalité, co-existence au sein d'un même groupe de tendances diverses qui s'équilibrent les unes les autres. Dans le bouddhisme par exemple, les formes zen, tibétaines, sud-asiatiques, sont des façons différentes de suivre les enseignements du Bouddha. Dans le christianisme les quatre évangiles reflètent quatre visions différentes de la vie et du message du Christ et des églises primitives. Il y a la théologie et les rites occidentaux, coptes et orientaux, la variété des «spiritualités»: bénédictine, cistercienne, dominicaine, franciscaine, carmélite, jésuite, sulpicienne. L'unité et l'universalité des grandes religions n'ont été possibles que dans une certaine diversité.

Quand l'unité se fait sans diversité, comme l'Église catholique était tentée de le préconiser avant le Concile

Vatican II et comme semblent le vouloir plusieurs sectes qui se réclament de *l'unique vérité, de l'unique morale, de l'unique pratique,* on est près de l'obsession et donc de la mort. La présence de la mort est en effet impressionnante chez l'obsessionnel et elle se manifeste sous la forme de la pérennité: mes pratiques et mes formulations de la vérité seront *toujours* les seules bonnes et les seules vraies. *Éternelle* (au-delà du temps), la vérité se résorbe dans des formulations que l'on dit *immortelles* (devant durer toujours). *Elles ne bougeront jamais,* affirme-t-on: il n'y a que d'un cadavre que l'on peut dire cela...

Avant de clore ces quelques considérations sur le caractère obsessionnel de certaines nouvelles religions, notamment des sectes, j'aimerais ajouter que la «névrose paternelle» dont parle Freud et qui est à la base de la névrose obsessionnelle se retrouve dans d'autres religions, notamment celles où prédomine le culte du Maître, du gourou, perçu comme un être parfait, sans défauts. Cette idéalisation du Maître est en effet une façon de refouler et de nier la «haine» que l'on ressent envers le père et les figures paternelles. Toute trace de haine, toute critique, sont éliminées, et l'on gomme ainsi l'ambivalence foncière (amour *et* haine) que chacun ressent envers ses parents et ses enfants. La haine étant niée, elle se porte ailleurs. Dans les sectes de foi biblique, elle se porte sur les parents, sur les éducateurs, sur les Églises traditionnelles («*diaboliques*»), et, en général, sur les gens de l'extérieur (*voués à la destruction*). Même dans des groupes aussi pacifiques que les groupes orientaux, les groupes gnostiques ou ésotériques, l'idéalisation du gourou, du Sage, du Maître ne va pas, en Occident, sans une large part d'agressivité envers les parents, envers les religions de l'enfance, judaisme et christianisme, que l'on n'attaque pas mais que l'on caricature et que l'on méprise avec condescendance. Il faut bien que la haine passe quelque part!

Et il n'y a là rien de bien neuf: la haine qui alimenta l'antisémisme, les inquisitions, les guerres de religion, était-elle autre chose qu'une incapacité de vivre l'ambivalence, d'accepter que l'on peut ressentir envers quelqu'un, envers le Pape, le réformateur, le gourou par exemple, envers son père et sa mère notamment, à la fois de l'amour et de la haine, et surtout qu'on peut les aimer et les admirer sans qu'ils soient parfaits, sans qu'ils soient Dieu lui-même et sans penser que ceux qui ne les aiment pas sont stupides ou méchants, voire des ennemis à abattre. Il y a, en tout cas, quelque chose de très pathologique à n'aimer quelqu'un que s'il est idéalisé: l'idéalisation est, en effet, une *défense,* une défense contre la réalité, notamment contre la réalité de la haine, ou, pour le moins, contre la réalité de l'ambivalence, toujours, il est vrai, difficile à vivre.

4

Une hystérie collective ?

Les spectacles télévisés des *preachers* qui se sentent obligés de plisser les yeux et de faire trembloter leur voix pour prier, les enthousiasmes des groupes qui, après un sermon, une conférence ou une fin de semaine de «transformation», s'embrassent, se disent combien ils s'aiment, les «miracles» et les guérisons, tous ces phénomènes, fréquents dans les nouveaux groupes[5], incitent plusieurs observateurs à penser que bien des nouvelles religions seraient à classer plutôt dans le registre de l'hystérie que dans celui de la très austère névrose obsessionnelle.

Dans un ouvrage remarquable, *Understanding Cults and New Religions,* deux universitaires canadiens, Irving Hexham et Karla Poewe, arrivent, eux aussi, à la conclusion que les nouvelles religions sont de l'ordre de l'*hystérie collective* (HEXHAM, 1986). Karla Poewe a étudié le shamanisme dans des sociétés africaines et l'on comprend les relations que les deux auteurs peuvent faire entre les religions *magiques* et certaines nouvelles religions qui ne sont pas dans l'ensemble celles que nous avons étudiées dans le chapitre précédent, encore que dans les religions les deux «névroses» puissent coexister.

Ces deux universitaires ont centré leurs observations sur l'Église de l'Unification, les disciples de Bagwan Shree Rashneesh, les dévôts de Krishna et les bouddhistes zen américains. Cet échantillonnage pourrait compromettre la valeur de leur étude, puisque Bagwan a beaucoup pâli sur la scène nord-américaine et que l'Église de l'Unification du Révérend Moon est en pleine transformation depuis le début des années 80 (les dirigeants valorisent beaucoup moins l'«expérience» et beaucoup plus l'engagement missionnaire). Mais au-delà de ces groupes précis, la recherche s'étend aux groupes qui donnent une importance primordiale à l'expérience religieuse, notamment à l'expérience forte et bouleversante avec le gourou, à la pensée non-discursive, à l'exubérance, à l'inusité, aux expériences hors-corps, aux visions, aux prémonitions, aux transes.

Cela correspondrait chez nous au registre dans lequel se situent «*The International Institute of Integral Human Sciences*» et «*The Spiritual Science Fellowship*» qui ont ceci d'intéressant d'être «œcuméniques» et de réunir, surtout à l'occasion de leur congrès annuel, des catholiques romains, des anglicans, des hindous, des juifs, des «laïcs», et donc d'être plutôt un style religieux ou un courant religieux qu'un groupe proprement dit, même si c'est un groupe qui constitue le noyau actif et catalyseur de cet œcuménisme.

L'étude de Hexham et Poewe pourrait être également applicable à certains groupes évangélistes, notamment télévangéliques, et à des groupes charismatiques, dans la mesure où ces groupes valorisent le miraculeux, l'inédit, le merveilleux, l'instantané. Sans doute, des groupes comme les «Sciences Cosmiques» et beaucoup de groupes ésotériques pourraient-ils aussi s'y reconnaître.

Même si je suis d'accord avec les auteurs pour inclure les «bouddhistes américains» dans cette catégorie de «religions hystériques», je ferai aux bouddhistes une place un peu à part, non seulement parce qu'ils occupent une place à part dans mon cœur et dans mon esprit, mais aussi parce que je crois qu'il convient, à leur sujet, d'apporter quelques nuances, si on les assimile aux groupes et aux mythologies que nous venons de mentionner.

L'*hystérie* a été la «maladie» qui a sous-tendu les premières recherches de Freud. À la fin du XIXe siècle, le monde médical, surtout en France et en Autriche, essayait de comprendre comment et pourquoi certaines personnes étaient paralysées d'un bras ou d'une jambe, avaient de violents maux de ventre ou des laryngites récurrentes, sans que la «science» médicale puisse diagnostiquer quelque problème physique que ce fût. On se devait de penser que ces personnes «jouaient», «faisaient du cinéma», comme nous dirions aujourd'hui. Le génie de Charcot, Bleuler et Freud consista à voir qu'il ne s'agissait pas de n'importe quel cinéma, mais qu'il s'agissait d'une autre scène, où, en même temps que le vécu conscient, se déroule un autre scénario qui s'exprime par des symptômes, des comportements, que la première scène ne comprend pas, ne désire pas, mais qui à son niveau fait sens. C'est cette autre scène que Freud a appelé l'inconscient: une scène où la comédie a autant de sens que sur la première, mais c'est un sens que l'on ignore, que l'on refuse de voir et de reconnaître. C'est cette autre scène qui, dans la névrose en particulier, mène le bal, après avoir pris soin de se déguiser.

Après ses études sur l'hystérie, Freud fut amené à distinguer d'autres «mises en scènes»: celle de la phobie, de la névrose obsessionnelle, de la psychose, qui, remarquons-le au passage, ne sont pas des entités, mais des «jeux», des modes de fonctionnement, qui dérangent, rendent malheureux, mais qu'on refuse de voir, le refus faisant justement la force de cette autre scène.

L'hystérie apparut donc d'abord comme le jeu dans lequel des pulsions et des fantasmes inconscients (de l'autre scène) se manifestent, s'expriment dans des symptômes physiques médicalement inexplicables. La pratique de la psychanalyse amena à voir que l'hystérie est essentiellement un déguisement: le conflit psychique se *déguise* sous le symptôme physique. La pratique clinique amena les psychanalystes à voir aussi que l'hystérie ne se manifeste pas uniquement dans des symptômes physiques, mais également dans des expressions exagérées ou très fortes de sentiments: pleurs, cris, convulsions, qui sont des *déguisements*, au sens où ils ne signifient rien de très profond ou de très «réel» chez la personne qui émet ces signaux. Ce qu'ils ont de plus «réel» est au niveau de l'autre scène.

Le déguisement qu'est l'hystérie nous situe au niveau du théâtre. Au théâtre, un bon comédien exprime intensément, devant un public, les sentiments d'un personnage qui n'existera que quelques heures. Le bon comédien, qui est un hystérique réussi, *est* pendant quelques heures Hamlet ou Othello, et il rentre ensuite chez lui pour faire son budget de fin de mois: il est un époux et un père de famille modeste, ou un amant qui n'a plus rien d'un Othello.

L'hystérique au contraire est un comédien mal réussi. Il se *cache* inconsciemment et constamment (et non seulement deux heures par jour) derrière son personnage, sa per-sona, derrière son masque et les sons qu'il émet, non pas qu'il soit malhonnête ou menteur, mais simplement parce que c'est la meilleure façon qu'il a trouvée pour survivre, avoir une certaine cohérence et remplir certains vides. Ce qu'il ressent profondément c'est que, derrière cette per-sona, il n'y a rien. Il n'a pas trouvé d'identité profonde et c'est cela qui l'incite à s'identifier si facilement à ses professeurs, à ses idoles, et aussi à des gourous, à des maîtres charismatiques, à des groupes, grâce auxquels il croit avoir enfin trouvé une identité.

L'approche des nouvelles religions sous l'angle de l'hystérie nous permet, je crois, de comprendre un certain nombre de phénomènes. D'abord, certaines guérisons. Dans la mesure, en effet, où un malaise, un symptôme, voire une paralysie, sont hystériques (lorsqu'il n'y a rien de médicalement décelable), il est toujours possible qu'une émotion forte, comme on en vit dans bien des groupes religieux ou de développement, que le pouvoir de suggestion d'un maître, d'un prédicateur, d'un animateur de groupe — pouvoir auquel les hystériques sont particulièrement sensibles — fassent disparaître, au moins temporairement, ces «maladies».

De même, je crois que c'est en termes d'hystérie que l'on pourrait comprendre l'exagération verbale et parfois gestuelle que l'on observe dans bien des groupes. Dans la plupart des groupes de développement et dans certains groupes religieux, en effet, on exulte à tout propos, chacun dit à tous à quel point il les aime, à quel point ils sont «grands», «*great*». Cette surenchère, qui fait fi des conflits et des oppositions, et qui, la plupart du temps, ne s'accompagne d'aucune connaissance de l'autre, voire d'aucune compassion réelle, vide les mots de tout sens profond, n'exprime rien de vraiment ressenti, et, en ce sens, est hystérique.

Enfin, je crois que l'approche sous l'angle de l'hystérie permet de comprendre le goût du spectacle, de l'exubérance, de l'inusité et du merveilleux, que cultivent plusieurs nouvelles religions, qu'elles soient de foi biblique, orientales ou ésotériques. Si la capacité d'étonnement et d'admiration est l'une des plus belles caractéristiques de l'être humain, il est plutôt dangereux de la faire porter uniquement sur l'inusité, *le surnaturel.* Il me semblerait plus sain de redécouvrir la merveille du très naturel, la *magie* et le *sacré* (l'unique) de l'ordinaire, de la naissance, de l'intelligence, de l'amour, de la beauté, sans nier que dans cet ordinaire peuvent parfois surgir de l'inouï et de l'imprévu. Cela suppose un grand sens et un grand amour de la création, que les nouvelles religions n'ont pas toujours. C'est à ce niveau de l'amour de la création — naturelle — que s'enracine le respect de la science actuelle. Sans ce respect, on bafoue la science et on échafaude les théories soi-disant scientifiques les plus fumeuses qui n'ont de qualité que d'être sensationnelles et de plaire aux aspirations magiques de l'enfant qui, la réalité étant trop modeste et trop dure, a besoin d'être consolé[6].

Ce qui incite le plus fortement Hexham et Poewe à parler d'hystérie collective c'est la fascination de plusieurs groupes religieux pour la *magie*, c'est-à-dire pour les expériences fortes, la pensée non-discursive, les changements soudains, l'irrationnel. Pour ces deux universitaires, en effet, l'homme sain n'a pas besoin de ces constantes irruptions de l'irrationnel, de ces constants emballements pour un personnage idéalisé et admiré à tout prix. Il a une identité solide, il réfléchit tranquillement aux questions qui se posent à lui, il s'intéresse aux problèmes complexes de la vie et de la société, sachant qu'il n'y aura habituellement pas de solution-miracle. Il peut vivre sans être constamment enthousiaste et sans être nécessairement entouré de personnes «extraordinaires». Les expériences intenses seront rares et relativement secondaires. Il gardera toujours, tant qu'il le peut, son esprit critique vis-à-vis du mystérieux et des héros.

Dans un ouvrage fort intéressant, quoique un peu trop polémique à notre goût, *Snapping* (CONWAY, 1978), Flo Conway et Jim Siegelman mettent en question ce qu'ils appellent l'épidémie des changements subits de personnalité. Ils rapportent des interviews avec des membres et ex-membres de Hare-Krishna, de l'Église de Scientologie, de *est*, de l'Église de l'Unification, des Enfants de Dieu, de la Mission de la Lumière Divine, de «*Jesus Freaks*», de la famille Manson et de quelques autres.

Le scandale qui les fait écrire est cette profusion de groupes religieux et de potentiel humain qui promettent la conversion ou la transformation instantanées. Ils rejoignent les conclusions de Hexham et Poewe lorsqu'ils disent que la transformation humaine et spirituelle se fait pas à pas dans la quotidienneté de la vie et que les éclairs subits sont trompeurs, illusoires. Nous ajouterions qu'ils sont souvent de type hystérique: un changement d'identité subit mais superficiel, qui, hélas!, ne durera pas, s'il n'est accompagné d'un long suivi, si l'identification ne devient identité.

L'un des grands «bonzes» du «Nouvel Âge», Ken Wilber, que plusieurs, non sans exagération, ont comparé à

Freud ou à William James, dit d'ailleurs, surtout depuis qu'il est devenu bouddhiste, que le «Nouvel Âge» est une vaste illusion si on pense qu'il va nous arriver comme ça, grâce à des «énergies qui nous poussent». Le «Nouvel Âge», dit-il en substance, c'est une longue démarche d'élargissement et d'approfondissement de la conscience, qui s'opère non par des «miracles» parapsychologiques ou «spirituels», mais par un travail patient et continu sur soi-même, sur la paix de son esprit, sur l'ouverture aux autres et la compassion (WILBER, 1987).

Le problème de l'identité est à la base de l'hystérie, mais il nous conduit à un problème difficile et fondamental qui dépasse de beaucoup la problématique de l'hystérie: l'adhésion et l'appartenance à une nouvelle religion peuvent-elles être d'authentiques changements d'identité ou sont-elles nécessairement ou le plus souvent des changements hystériques affectant des personnalités labiles, qui n'ont jamais réussi à se trouver et qui ne peuvent vivre que par procuration, en empruntant l'identité de quelqu'un d'autre? C'est en fait le problème de la conversion que nous sommes ainsi amenés à envisager et nous ne pourrons le faire ici que de façon extrêmement succinte.

Dans certains cas, la réponse est simple. Lorsqu'à la fin de deux fins de semaine intensives, les participants à un groupe de développement de la conscience pensent et disent qu'ils ne sont plus les mêmes, qu'ils sont radicalement et à tout jamais transformés, on peut soupçonner qu'ils sont en pleine crise hystérique. Cela est également vrai de ceux et celles qui pensent que la confession des péchés et le baptême, surtout lorsqu'ils sont faits en public (la foule accentue les phénomènes hystériques), les ont libérés de tout problème, les ont psychologiquement et spirituellement transformés pour toujours. S'il est vrai que certaines expériences intenses peuvent être le point de départ d'une transformation de la vie, celle-ci ne s'opérera que dans la pratique assidue et quotidienne de la méditation ou de la prière, dans la charité ou la compassion concrètement vécues, ou, comme le disent certains groupes de développement, dans le «partage» constant de la transformation. Aussi est-ce chez ceux et celles pour qui le changement intense et subit a été un point de départ et non un tour de passe-passe magique que l'on pourra voir apparaître un changement authentique et profond, voire une transformation radicale de la personnalité.

Ce qu'il importe de voir aussi c'est que l'identification n'est pas d'abord l'identification à un rôle ou à des idées. Vouloir jouer le même rôle que le «Maître», penser comme lui, parler comme lui, s'habiller comme lui, boire le même alcool que lui, c'est de l'identification dans ce que celle-ci a de plus superficiel et parfois de plus pathologique. Il peut être bon de passer par là: le jeune enfant qui veut un petit camion semblable au gros camion de son papa, qui veut son petit coffre d'outils ou ses petits appareils ménagers, est en voie d'identification. Celle-ci ne sera réussie que lorsqu'il n'aura plus besoin de cet arsenal et éventuellement qu'il n'aura plus du tout envie de conduire un camion ou de faire la cuisine comme son père ou sa mère, ni même peut-être d'avoir le même rôle sexuel que son père ou sa mère (il aura, par essais, succès et échecs, trouvé ce qui lui convient). Il aura atteint alors, grâce à ses identifications à des rôles, à des idées, à des habitudes, son identité.

Occidental et francophone, il aura face à la vie une attitude inspirée d'une culture qui s'enracine en Grèce, en

Israël, à Rome, dans le Moyen-Âge, la Renaissance, l'Âge moderne, dans la France des découvreurs et dans ces mille petits riens, ces grands horizons et ces fines odeurs, qui font qu'un Québécois est un Québécois. Et cela, sans même qu'il en soit nécessairement conscient. C'est dans ce terreau fondamental qu'il peut accueillir les autres traditions et les autres cultures sans faire fi de son identité. En fait, quelqu'un qui grâce à ses identifications a acquis une identité n'a pas à se forcer pour être qui il est ni à prendre des allures de «*preacher*» américain, de bonze japonais ou de lama tibétain. Lorsqu'il voudra profiter des valeurs de ces différentes figures, il les greffera sur son tronc généalogique qui n'est pas né d'hier.

À bien des égards l'identification au Christ ou au Bouddha est encore plus profonde que l'identification aux parents, à une culture ou à une nation. Chrétiens, nous sommes en effet «ontologiquement» un avec le Christ, puisque c'est son Esprit qui nous anime, qui est notre esprit. Tellement un à vrai dire que nous n'avons pas à vivre comme un Juif d'il y a deux mille ans ni à répéter mot pour mot ce qu'il a dit, ni à trop nous attarder aux dogmes et aux morales. Bien identifiés et enracinés, nous pouvons penser par nous-mêmes et parler tout naturellement. Si notre identification à Lui est devenue notre identité, à raffiner certes constamment, nous pouvons être tout à fait nous-mêmes, ce qui est le signe d'une identification réussie, devenue identité.

S'identifier au Bouddha c'est s'identifier à quelqu'un qui «n'existe pas», qui est la «nature de toutes choses» plutôt qu'un individu. Le gourou en tant qu'individu n'est donc pas «le Bouddha». Il est là, au niveau «relatif», pour aider chacun à dépasser l'attitude possessive vis-à-vis de son «moi», l'attitude agressive ou jalouse vis-à-vis des autres et en somme à dépasser le dualisme moi-autre. S'identifier avec une admiration sans bornes au gourou comme individu, cela est peut-être nécessaire, surtout en début de parcours, mais s'en tenir à cela c'est se fourvoyer profondément dans la voie bouddhique.

Il est en effet essentiel de toujours voir que, sous les mille et un rôles, les mille et une pensées, les mille et un caprices des gourous, il n'y a «personne». Tant qu'on adule les «Maîtres» ou qu'on les copie, qu'on répète leurs phrases, on n'a pas encore vu ce «personne», on n'est pas encore «identifié». On fait encore semblant. Si on en reste là, on est dans l'hystérie, dont la meilleure définition est sans doute qu'elle consiste à faire semblant, à un âge où l'on devrait avoir dépassé la copie et l'imitation.

Dans ces perspectives, nous ne pouvons certes pas reprocher aux adeptes des nouvelles religions de s'identifier trop à leur gourou ou à leur Maître, au Christ ou au Bouddha. Le problème serait plutôt qu'ils ne s'identifient pas assez et qu'ils en restent au niveau de la copie, de l'imitation, de la répétition (et aussi de la «loi», qui est à la fois copie, imitation et répétition). Cela est un pas vers l'identification. Mais il est souhaitable de ne pas en rester là indéfiniment, auquel cas on est en effet dans l'identification défaillante, toujours à recommencer, et qui, pour ce faire, a besoin de constantes excitations, de constants emballements, et préfère le merveilleux, l'inédit, l'idéalisé, au simple quotidien de l'amour, au simple «relatif» de la générosité et de la compassion.

Devrons-nous conclure en disant que les membres des religions de type hystérique «font du cinéma», «jouent»? Dans bien des cas, certainement: cela semble avoir été le fait des télévangélistes dont on a beaucoup parlé récemment et qui, tout en faisant d'intenses prières devant les caméras, fraudaient le fisc, trompaient leurs adeptes et se permettaient des actions que dans leur prédication ils condamnaient. Cela semble être également le cas de certains adeptes des religions orientales qui n'osent plus ni penser ni parler par eux-mêmes et qui, sous des dehors de «compassion», cultivent la plus secrète indifférence ou la plus mesquine arrogance. Mais nous ne saurions en faire une affirmation générale: il existe des adeptes de nouveaux groupes et de nouvelles religions qui, au-delà de l'hystérie favorisée ou cultivée par leur groupe, atteignent au fil des ans une transformation authentique et profonde.

Ce que les groupes «hystériques» ont d'*hystérique* en fait, c'est de ne pas valoriser leur filiation (leurs parents, leurs ancêtres, leur pays), de ne pas valoriser la vie quotidienne ordinaire (une compétence, un métier, une vie honnête), et, au contraire, de penser que la religion implique l'exotisme, le miraculeux, le «très intense», voire le magique.

La religion se porte alors surtout vers le changement instantané, l'inédit, la transe, l'extase, l'émotion forte, l'héroïque, le «cosmique», le «galactique». Ce besoin de magique et de merveilleux se transpose d'ailleurs très souvent dans les visions du monde proposées par des groupes et qui font de notre univers un univers de science-fiction (ce qui ne va pas, très souvent, sans un mépris de la science ou, en tout cas, de la pensée discursive, difficile, patiente, au profit de la «non-pensée», de l'«intuition» toute empreinte de fantasmes, de subjectivité, quand ce n'est pas de pure fantaisie).

Dans cette problématique de l'identité, nous rencontrons

inévitablement le problème de la tradition: est-il possible d'avoir une identité profonde et vraie si on se coupe de la tradition de son enfance, pour prétendre tout à coup appartenir à une autre tradition? Le bouddhisme, comme chacun sait, est né de l'hindouisme, et le Bouddha Sakyamuni a eu selon toutes vraisemblances une éducation brahmanique. Jésus était de religion juive et il a reçu une éducation juive traditionnelle à la Synagogue. C'est du cœur même de leur tradition que ces deux êtres remarquables ont apporté un changement important dans l'évolution religieuse de l'humanité. Par ailleurs le bouddhisme a dans plusieurs pays recupéré le panthéon hindou et, au Tibet, il a récupéré la religion païenne qui y régnait avant son arrivée. Les chrétiens, ayant quelque culture religieuse et quelque profondeur, se voient comme des fils d'Abraham, d'Élie, de Moïse, comme faisant partie de la lignée d'Isaïe, de Jérémie, de Daniel et des frères Maccabée, de la lignée de Job, de Ben Sira et de Qohélet. D'autres, après eux, ont réuni la lignée de Jacob et de Jésus à celle de Socrate, d'Aristote et de Marc-Aurèle. C'est grâce à ces filiations profondes qu'un être humain s'enracine quelque part et que son identité n'est pas faite que d'idées, de modes et d'emballements passagers.

L'ère de la communication qui est la nôtre nous fait connaître des traditions lointaines, asiatiques, africaines, musulmanes. Ces traditions, dont on peut apprécier de mieux en mieux toute la richesse, ne prendront vie chez nous que si nous les intégrons peu à peu à notre propre héritage, qui s'en trouvera revivifié, revigoré. Nous faisons face à une tâche semblable à celle du bouddhisme lorsqu'il est entré en Chine, au Japon ou au Tibet, semblable à celle du christianisme lorsqu'il s'est répandu dans le monde gréco-romain: intégrer des messages religieux nouveaux à une culture, les faire parler dans des mots qui sont nôtres, en trouver l'intelligence (l'intellectio) dans notre tradition. Autrement, ceux qui deviennent musulmans, hindous ou bouddhistes, ceux qui se lancent dans l'ésotérisme ou qui adoptent des croyances qui ne peuvent se réclamer d'aucune tradition, resteront des marginaux, qui font un «*trip*» qui leur est peut-être utile et bénéfique, mais qui ne peut être qu'individuel et isolé, s'il est hors-histoire, hors-tradition, hors-culture, c'est-à-dire si ces convertis ne font, comme les corbeaux, que picorer ailleurs et mordre les mains qui les ont nourris.

Je sais que plusieurs des convertis à ces religions de type hystérique pourraient dire — et disent — qu'ils ne sont pas hystériques, qu'ils ne font pas semblant d'être quelqu'un d'autre, puisqu'avant leur conversion ils n'étaient ni rien ni personne: ils étaient sans tradition et sans espoir, sans filiation et sans projet. Ils ont peut-être raison et peut-être est-ce là le cœur du problème...

Ce qui frappe, chez tant de nos contemporains et particulièrement chez les adeptes des nouvelles religions, c'est que les aînés ne leur ont pas fait proprement connaître leur tradition, qu'ils leur ont présenté celle-ci sous ses traits les plus pauvres, les plus rigides, les plus anachroniques. Les façons de vivre de leurs parents leur paraissent aberrantes (ils sont souvent malheureux et peu capables d'amour). Ils se sont sentis noyés sous un monceau de lois qui viennent d'on ne sait où, sans «Logos», sans «Parole Vraie», c'est-à-dire sans «Sagesse», sans direction et sans perspectives, c'est-à-dire sans «Voie». (Sans «Sagesse» et sans «Voie», la religion et la foi sont sans «Vie», et ne se survivent à elles-mêmes que grâce à la crainte de la mort et de l'enfer). Combien de nos contemporains, devenus incroyants ou adeptes d'une nouvelle religion, ont été coupés de toute tradition qui aurait pu leur donner une raison de vivre, d'aimer, de mourir !

Parfois ils sont divorcés ou homosexuels, ils se sont résignés à l'avortement, et on leur dit que de ce fait ils sont exclus. La politique et l'économie ne les intéressent pas et ils pensent à la souffrance humaine et à la mort, que notre société essaie d'oublier ou d'occulter. Au bout de la solitude et du désespoir ils ont essayé de survivre comme *quelqu'un d'autre*, de faire semblant qu'ils sont *quelqu'un d'autre,* qui, lui au moins, pourra peut-être vivre plutôt que de s'abîmer dans le sexe sans âme, dans l'argent sans but, dans les loisirs qui ennuient, dans l'alcool ou la drogue qui cultivent une illusion pire, ou, tout simplement, dans la surdose ou le revolver.

Je terminerai ces réflexions sur l'identité par trois remarques. La première veut rappeler que le terme d'identité comporte deux sens très différents. «Selon le premier sens (*idem*), écrit Paul Ricœur, identique veut dire extrêmement semblable (allemand *Gleich, Gleichkeit*; anglais *same, sameness*) et par conséquent immuable, non changeant à travers le temps. Selon le second sens (*ipse*), identique veut dire propre (allemand *eigen,* anglais *proper*) et a pour opposé non pas différent, mais *autre, étranger*» (1988). Si l'on prend l'identité au sens de *idem,* on est dans la position qui est celle des intégristes, depuis les «vieux-catholiques» jusqu'à Monseigneur Lefebvre. On est au niveau du «moi» immuable, permanent, de la «tradition» qui n'en est plus une puisqu'elle a perdu toute vie. Avoir une identité, au sens où nous l'entendons, c'est bien plutôt se situer, selon une manière et une culture définies, dans une tradition et une vie qui, si elles sont un héritage et ont des lignes de force qui viennent des ancêtres, me sont devenues propres, ne me sont pas étrangères.

Notre seconde remarque veut rappeler le fait que l'insertion dans une traditon propre ne signifie pas que celle-ci fasse toujours sens pour la vie et l'intelligence. On pourrait souhaiter que la vie des traditions et des cultures se fasse sans accroc, dans la continuité harmonieuse. L'histoire nous montre qu'il n'en est rien[7]. La vie des traditions, comparable à celle de l'enfant et de l'adolescent, se déroule souvent dans la remise en question, dans la crise et donc dans un certain désordre dont on souhaite qu'il soit précurseur d'un nouvel ordre que l'on a souvent peine à imaginer. Chez l'individu il arrive aussi que l'équilibre acquis s'écroule tout à coup: il ne peut alors rien dire d'autre que «je ne suis rien», «ce en quoi je croyais n'a pas de "valeur"». On sait que de nombreux convertis authentiques sont passés par là, souvent deux fois plutôt qu'une. Ces remises en question de l'identité sont parfois très salutaires: on ne peut que les respecter, on ne doit en aucun cas les décourager, même si on ne peut clairement entrevoir le nouveau «moi» qui naîtra de la métamorphose en cours.

Notre troisième remarque va dans le même sens: l'identité que l'on a et surtout celle que l'on croit avoir et que l'on dit avoir: «chrétien», «catholique», «bouddhiste», «témoin de Jéhovah», etc., est toujours suspecte et potentiellement fausse et illusoire, aux yeux d'un psychanalyste. Pour Freud, en effet, le «moi», s'il est nécessaire à la vie psychique saine, est aussi le lieu privilégié de l'illusion, si on le substantifie, le solidifie, et si on pense qu'il est totalement dans la sphère du conscient. Le grand psychanalyste français, Jacques Lacan, a beaucoup insisté sur ce point et il a vu dans le «moi» essentiellement une création de l'imaginaire et donc un lieu privilégié de mensonge. Il est nécessaire de me dire «qui» je suis, de me l'imaginer. À la condition de ne pas oublier qu'il existe, comme nous l'avons mentionné plus haut, une «autre scène», toujours avide de s'infiltrer sous d'innombrables déguisements dans les «mois» les plus «nobles» et les plus «purs». Par ce biais, la psychanalyse, qui «soupçonne» toujours le moi conscient, sa solidité, sa permanence et sa bonne conscience, rejoint sans doute les grandes traditions spirituelles, qui ont toujours invité à la purification constante, voire au renoncement à l'ego, non pas à l'ego comme instance de cohésion psychique, de création et de responsabilité, mais à l'ego goulûment possédé, jalousement gardé, agressivement défendu. Il est sain de ne pas oublier que le «moi» peut facilement être un mirage...

J'ai mentionné dans l'introduction que je suis très proche de la tradition bouddhique tibétaine. Je dois beaucoup à cette tradition, ne serait-ce que de m'avoir transmis la pratique de la méditation (PELLETIER, 1987). Aussi, je me permettrai de consacrer quelques paragraphes à des problèmes que me pose la fréquentation de cette tradition, que je connais jusqu'à un certain point de l'intérieur.

Les silencieuses rencontres des bouddhistes n'ont pas grand-chose en commun avec les rassemblements charismatiques, avec l'«intense» prière télévisée des «*preachers*», avec les envols nébuleux des congrès de «*Spiritual Science*» ou des cours de la «Science cosmique». Aussi est-il étonnant de voir le «bouddhisme américain» figurer dans le tableau hystérique de Hexham et Poewe.

J'ai été amené en rencontrant des lamas tibétains à voir que la «santé mentale» est un concept bien relatif. Ces êtres qui sont l'incarnation même de la paix, de l'équilibre et de la compassion, passeraient probablement pour «fous», schizophrènes sans doute, si on les jugeait superficiellement selon des critères occidentaux modernes. Dès leur plus jeune âge, car ils sont considérés comme des réincarnations, ils sont pris en charge par des moines, des maîtres, de sorte qu'avant vingt ans ils s'identifient totalement à la «lignée», aux «enseignements», au Dharma. Ils ont cependant de très fortes personnalités, mais c'est comme si cela était malgré eux. L'important pour notre propos c'est que ces lamas sont vraiment identifiés à la lignée et au Dharma, que cela n'est pas une personnalité d'emprunt et que pour eux, d'ailleurs, c'est là la chose la plus ordinaire qui soit. Ils ont une santé mentale remarquable, mais on aurait raison de les *soupçonner* de psychose, *s'ils étaient des Occidentaux.*

La question change cependant lorsque l'on observe les «bouddhistes américains». Plusieurs d'entre eux font partie des êtres les plus doux et les plus compatissants que j'aie rencontrés. D'autres, par contre, parfois très «proches du Maître», ont souvent laissé à mon flair de psychanalyste une impression de «faux». J'ai cru longtemps qu'il s'agissait d'un phénomène de «double personnalité» (quinze ans de pratique bouddhique greffés sur trois mille ans de culture occidentale judéo-chrétienne). Mais il me semble que la compréhension en terme d'hystérie, proposée par Hexham et Poewe, pourrait être valable.

Il y a, bien sûr, beaucoup de *magie* dans le bouddhisme tibétain, qui a récupéré la religion animiste (bön) du Tibet, mais on ne peut pas dire que la magie soit *cultivée,* puisque elle est sans cesse reconnue comme projection de l'esprit, comme «vide». Mais plusieurs bouddhistes de ma connaissance n'hésitent pas à dire qu'il y a sans doute des «esprits», des «dralas» partout, et que nous-mêmes ne sommes peut-être rien d'autre que de tels «esprits», comme les mahakalas et les dakinis (formes bouddhiques des anciens dieux animistes du Tibet). Cela pose déjà pas mal de questions...

Il y a aussi dans toutes les formes de bouddhisme une mésestime de la pensée discursive et une grande estime de la «non-pensée». Les exercices de «non-pensée» sont pour moi très sains et très féconds (1987), mais la survalorisation de la non-pensée pose certains problèmes, notamment lorsqu'il s'agit de l'attitude vis-à-vis du gourou et des enseignements: le gourou doit, disent certains, être accueilli sans résistance et les enseignements sans aucun esprit critique. On est là dans ce qui, pour un Occidental cultivé, est de l'aliénation, de la perte d'identité, ou plutôt un trouble au niveau de l'identification, ce qui est justement la caractéristique fondamentale de l'hystérie.

J'ai bien peur, en effet, que de se déclarer tout à coup de la lignée du Bouddha, du Karmapa ou de quelque Maître Zen (ou de la lignée récente de quelque réformateur fondamentaliste), c'est, dans un geste presque désespéré, déclarer qu'on n'est enraciné nulle part, que l'on rejette en bloc la chair et le sang reçus de ses parents. C'est déclarer qu'on n'a pas acquis d'identité et qu'on court désespérément après une identification totalement plaquée, si riche soit-elle. C'est pour cela que cette identification qui saute parfois par-dessus des millénaires d'histoire (de filiation) est si facilement de l'ordre de l'hystérie, et que très souvent elle repose sur du sable. Rencontrer un hindou, un bouddhiste ou un musulman, c'est rencontrer un cousin qui vient de loin, qui a souvent une vie spirituelle profonde, des idées intéressantes sur la vie et sur la mort, qui parfois me révèle ma tiédeur et mon manque de foi.

Il n'est pas sûr qu'il soit souhaitable que je lui ressemble en tous points.

Les bouddhistes ne sont pas les seuls à vouloir perdre leur ego en s'identifiant à un gourou. On sait que les dévots de Krishna et les groupes hindous, notamment dans les centres de yoga, pratiquent une méditation qui consiste en une répétition de mantras dont le but est de faire perdre l'«illusion» de l'existence individuelle séparée et de réaliser l'identification au gourou et, ultimement, à Brahman.

Les pratiques ou les attitudes qui favorisent la perte du «moi», de l'identité individuelle, sont souvent jugées sévèrement par les chrétiens des grandes églises traditionnelles, qui estiment que le christianisme, lui, respecte la «personnalité» de chacun, et pour qui l'*autonomie* est devenue la valeur suprême. Or, je ne crois pas que cela soit si simple. Dans les premiers siècles du christianisme (plus précisément au IVe siècle, lorsque le christianisme devint religion de l'Empire), les Pères du désert récitaient également des mantras, notamment la «prière de Jésus», dont une des formes est «Seigneur Jésus, prends pitié», dans le but justement de s'identifier totalement à Jésus et de perdre leur individualité. Lorsque Paul disait «Ce n'est pas moi qui vis, c'est le Christ qui vit en moi», il ne faisait certainement pas l'éloge de sa personnalité unique au monde.

Par ailleurs, je ne crois pas que l'*autonomie* (qui consiste à être soi-même sa propre loi) soit, dans la tradition judéo-chrétienne, une valeur première: elle est plutôt le but de la démarche spirituelle, elle sera atteinte grâce à l'obéissance, à l'abandon, au renoncement à la volonté propre. En psychanalyse, d'ailleurs, nous savons bien que le patient est pendant un certain temps très «dépendant»: il rêve à son analyste, il pense à lui ou à elle, il organise son horaire et sa vie en fonction de ses rencontres avec l'analyste. La psychanalyse n'obtiendrait d'ailleurs pas de résultat sans cette dépendance (le transfert) dont le patient se libérera petit à petit, grâce au travail de l'analyste, qui fera en sorte que la dépendance soit vécue, aimée, détestée, et puis quittée, dans une liberté qui n'aura pas fait l'économie de la dépendance et de l'identification. En somme, la dépendance n'est pas une anti-valeur, pas plus que l'autonomie n'est une valeur absolue. Tout dépend, je crois, de l'attitude du maître, du pasteur ou du thérapeute: il peut cultiver la dépendance et maintenir son disciple dans l'infantilisme, mais il peut aussi partir de cette dépendance pour faire vivre à son disciple les difficiles voies de la libération, au cours desquelles celui-ci se sera à la fois identifié à son maître ou à son analyste et trouvé lui-même.

Un peu de phobie

Les grandes catégories de la psychopathologie sont la névrose, la perversion et la psychose. Les trois grandes formes de névrose sont la névrose obsessionnelle, l'hystérie et la phobie (ou hystérie d'angoisse). Dans ce chapitre et dans le chapitre précédent, nous avons eu recours à deux de ces catégories «névrotiques» pour comprendre certaines nouvelles religions: la névrose obsessionnelle et l'hystérie.

La troisième, la phobie, ne nous semble pas un cadre utile pour notre démarche. Elle peut cependant éclairer certains comportements religieux. La phobie se caractérise par la peur démesurée, la panique, l'angoisse, causées par un objet ou une situation. Ainsi, savoir qu'il peut y avoir panne de courant dans le métro et ressentir une certaine crainte à cette idée, c'est légitime et «normal». Éviter de prendre le métro ou s'y sentir constamment angoissé, c'est de la phobie: la crainte est démesurée, compte tenu du danger réel. Ne pas aimer que les souris grignotent votre fromage, laissent des traces dans les armoires de cuisine ou vous chatouillent le visage au cours de la nuit, c'est une réaction proportionnée au danger réel. Monter sur une chaise, paniquer et hurler quand une souris montre le nez, c'est de la phobie: la réaction est disproportionnée par rapport au danger réel. Dans la phobie l'objet phobique tient la place d'un autre objet. Par *déplacement*, je ressens envers l'objet phobique une crainte, une angoisse, qui, en fait, sont liées à un autre objet, refoulé. Très souvent la phobie est liée à une expérience de l'enfance: on a été enfermé dans un endroit clos où l'on a eu très peur, ou ma mère hurlait quant elle voyait des souris. Cet événement, en vérité, n'est pas la cause de la phobie. C'est lui qui m'a permis de canaliser certaines angoisses sur un objet ou un lieu de substitution.

Au plan religieux il existe certains phénomènes qui relèveraient sans doute de la phobie. Certains ont une réaction phobique (peur, rejet, angoisse même) chaque fois qu'ils entendent les mots «Pape», «péché», «curé», «Église catholique», ou, dans un autre registre, «sexualité», «œcuménisme». Ils ne se contiennent plus, ils ne raisonnent plus. Ils se sentent mal, ils ont la gorge serrée, ils ont envie de fuir. Chez des membres des religions traditionnelles, le même phénomène existe: la seule mention de «nouvelle religion», de «Témoins de Jéhovah», de «gnose», de «réincarnation», de «karma», de «chakras», les fait entrer dans un état où ils perdent tout contrôle et se laissent emporter par la colère ou l'angoisse. Peut-être s'agit-il là de phobies: la réaction est démesurée et la colère et l'angoisse, liées à des expériences malheureuses du passé, portent probablement sur «autre chose», un autre objet, inconscient, qu'il revient à chacun de découvrir ou de soupçonner.

5

Schizophrénie, manie, perversion

En psychanalyse, nous donnons une importance primordiale à la relation entre le «patient» et l'analyste. Lorsque nous discourons, nous utilisons des catégories de psychopathologie qui sont des points de repère utiles, voire nécessaires. Mais nous essayons de ne pas enfermer un patient dans ces catégories, de ne pas durcir ces catégories, d'en faire des choses, des entités. Un point de repère, c'est bon quand ça guide. Ça ne l'est plus quand on s'y accroche. Nous croyons utile, à mesure que nous procédons dans la pathologie, de rappeler cette perspective: obsessionnel, hystérique, phobique, et, à plus forte raison, schizophrène, paranoïaque, maniaque, pervers, sont des points de repère, qui ont un fondement dans la réalité clinique. Mais il ne faut jamais les prendre comme des catégories où l'on enferme quelqu'un pour mieux le mépriser et ne plus s'en occuper.

Dans ce chapitre, nous traiterons de quelques phénomènes psychotiques et pervers que l'on rencontre dans les nouvelles religions et les nouveaux groupes. Si la névrose déforme la perception que l'on a des autres, déforme le mode de penser (comme nous l'avons vu pour la névrose obsessionnelle), déforme la perception que l'on a de soi-même (comme dans la fausse personnalité hystérique), la psychose est plus qu'une simple déformation à ces différents niveaux. Elle est un trouble *grave* de la pensée et de la relation: l'autre n'existe pas vraiment, la pensée est ou tout à fait incohérente ou très rigidement structurée sans tenir compte des données de l'expérience, la perception de soi est ou mégalomaniaque ou totalement auto-destructrice. Dans la schizophrénie, par exemple, on aura une coupure avec les autres, une incohérence de la pensée, des difficultés à se situer dans le temps et l'espace. Dans la paranoïa, on aura un délire mégalomaniaque de persécution, où la perception de soi manque totalement de réalisme et où la relation à l'autre est entièrement vécue sous le mode de la persécution. Enfin dans la psychose maniaco-dépressive, on aura deux façons apparemment opposées de fuir la réalité: la dépression profonde ou l'exhaltation dépourvue de toute mesure et de tout réalisme.

La perversion est une catégorie intermédiaire: elle n'est ni de la névrose ni de la psychose, encore que, par bien des aspects, elle s'apparente à celle-ci, dans la mesure même où elle est une puissante défense contre la psychose menaçante et où elle est souvent le signe avant-coureur de celle-ci. Nous y reviendrons un peu plus loin.

Il est très fréquent que les schizophrènes aient des délires religieux: «je suis Jésus-Christ», «je suis la Vierge Marie», «je suis Jeanne d'Arc». Dans la mesure même où leur délire est peu structuré et leur «folie» (leur incohérence) assez apparente, les schizophrènes ne me semblent pas présenter beaucoup de danger dans les groupes religieux. Peut-être Moïse, en Gaspésie, était-il un schizophrène, qui a attiré autour de lui d'autres schizophrènes. Ses façons d'agir étaient justement si incohérentes que la Police n'a pas mis beaucoup de temps à intervenir, même si, malheureusement, il avait déjà eu le temps de poser des actes regrettables.

Je me permettrai de faire remarquer ici qu'il faut procéder dans ce domaine avec une grande précaution. Il est en effet courant que les psychiatres n'accordent aucune importance à la dimension religieuse d'un «délire»: on note simplement dans les dossiers: «exhaltation religieuse», «délire à connotation religieuse», sans tenir compte du fait qu'un «délire» a du sens et qu'il est parfois porteur d'une expérience religieuse qu'on ne peut pas tout simplement *réduire* à un phénomène pathologique. Il vaudrait souvent mieux écouter avec soin certains délires pour voir si l'*épisode* psychotique n'est pas porteur d'autre chose que d'une simple folie. Il y a parfois de ces épisodes qui sont des réactions à une expérience religieuse ou mystique que le «patient» n'arrive pas à intégrer dans sa vie, tant cette expérience est puissante, inattendue, mal acceptée socialement. Reconnaître la validité de ces expériences vaudrait souvent mieux que de donner des psychotropes qui invalident alors totalement l'expérience et humilient celui ou celle qui l'a faite[8].

Il existe aussi des personnes qui, sans être à proprement parler des schizophrènes, coupés de la réalité, entretiennent avec celle-ci une relation extrêmement ténue: ils ont du mal à s'en tenir à la réalité des faits, à poursuivre un raisonnement cohérent, leurs relations avec leurs semblables sont superficielles, problématiques, voire inexistantes au-delà de la simple politesse ou de la tolérance: les autres, en fait, les ennuient et les dérangent profondément. Ce sont là des traits de ceux que nous appelons des «*border-line*», des gens qui, sans être schizophrènes, ressemblent beaucoup à ceux-ci. Il nous a semblé que ce genre de personnalité se retrouve en grand nombre dans des groupes ésotériques et dans des groupes orientaux. Les spéculations ésotériques et tantriques, la méditation yoga ou bouddhique, attirent sans doute beaucoup ce genre de personnes en leur procurant ce qui ressemble souvent à un délire intelligent et structuré (qui les empêche de délirer tout à fait). Une discipline comme le yoga et la méditation leur permet aussi de ne pas s'attacher (comme les psychotiques) à leur pensée facilement délirante ou, pour le moins, incohérente. Enfin, la dévotion envers le gourou, importante dans ces groupes, donne aux adeptes se situant à la frontière de la psychose, un point d'ancrage dans le réel et dans une tradition, et les empêche de se couper tout à fait du monde des autres.

La schizophrénie se présente parfois sous sa forme paranoïaque: le délire est alors très structuré. Le sujet a des ennemis qui l'empêchent de remplir sa mission, le persécutent, veulent le tuer. Ces paranoïaques peuvent être très dangereux, parce que leur délire a souvent des apparences d'intelligence, il est d'une cohérence sans failles, qui peut laisser croire à la «vérité». Il est probable que le Révérend Jim Jones qui a entrainé sa communauté dans le suicide collectif en Guyane était un paranoïaque[9]. On s'étonne parfois que tant de gens l'aient suivi. Il ne faut pas oublier que certains psychotiques sont extrêmement intelligents et séduisants et que leur folie même leur donne une acuité de pensée impressionnante et fascinante. (J'ai reçu en thérapie, il y a quelques années, une jeune pré-psychotique qui me disait sur moi les choses les plus vraies qu'on puisse imaginer, que même mes amis les plus intimes n'auraient pu me dire. Cela ne l'empêchait pas d'être très malade et de se débrouiller très péniblement dans la vie.)

Sans qu'il soit nécessairement «paranoïaque», on pourrait dire que tout chef d'un groupe religieux a des traits paranoïdes lorsqu'il estime qu'il a une mission grandiose et que le monde entier se ligue pour l'empêcher de réaliser sa mission, pour l'empêcher de se réaliser lui-même comme «sauveur» universel. Il est facile à de telles personnes d'invoquer tel ou tel verset de la Bible où il est question de la persécution des prophètes et de celle dont Jésus lui-même fut l'objet.

Il est certain que d'authentiques chefs religieux ont été persécutés, qu'on a tout fait pour les empêcher de remplir leur mission. Ils ont été excommuniés, emprisonnés, tués, et le jugement en ce domaine est difficile. Peut-être le critère est-il que ceux qui avaient une grandeur et une mission réelles ont supporté les persécutions avec douceur et humilité, alors que les paranoïaques les supportent avec vindicte, voire avec haine. Il ne faut pas, en tout cas, sur ce plan, se comparer trop facilement aux prophètes et à Jésus et s'appliquer à soi-même les versets de l'Écriture qui parlent de persécution. La vie, dans ces choses, avec toutes les difficultés et les obstacles réels qu'elle apporte, vient habituellement séparer l'ivraie du bon grain.

Plusieurs réformateurs religieux sont aussi ce que l'on appelle des «maniaques». En psychiatrie et en psychanalyse, le terme de «maniaque» ne désigne pas, comme dans le langage courant, le fait d'avoir des «manies», comme de vérifier vingt fois la serrure ou le gaz: cela relève de l'obsession dont nous parlions plus haut. Nous entendons par «phase maniaque» l'état de quelqu'un qui est constamment surexcité, qui se sent tout-puissant, au-dessus des soucis du commun des mortels. Il a existé et il existe toujours des réformateurs religieux qui sont toujours dans un état qui frôle l'exhaltation, qui disent être toujours en pleine forme et en pleine possession de leurs moyens, pensent avoir trouvé la «synthèse» définitive qui va sauver le monde.

Le juge en chef Daniel Paul Schreber, dont Freud a étudié les Mémoires (FREUD, 1911; SCHREBER, 1975), a élaboré un système qui explique les «lois cosmiques» et fait une «nouvelle synthèse de la religion et de la science». Son corps, pense-t-il, est devenu un instrument de guérison pour le monde. August Strindberg (1979) s'est également proposé pendant quelques années de développer un système d'alchimie qui satisferait la soif humaine de transformation. John Custance (1954) est un exemple particulièrement intéressant de cette espèce d'état second prolongé où tous les sens sont aiguisés d'une façon euphorique, à la limite du supportable, mais dont le sujet garde, après coup, lorsque il est en phase dépressive, une certaine nostalgie. J'ai vu moi-même en consultation une jeune femme qui se plaignait d'être devenue «un légume»: elle ne sortait pratiquement plus de chez elle, restait alitée toute la journée. Elle racontait qu'elle avait ces dernières années atteint des sommets de connaissance et de puissance: elle avait tenu sous son influence Moïse et Aaron, ainsi que bien des «puissances» et des principautés. Elle disait avoir dans les lignes de la main un dessin de l'arbre de la connaissance du bien et du mal et se demandait si sa faiblesse actuelle n'était pas la punition découlant de cette connaissance.

Ce qui caractérise plusieurs de ces personnes, dont

certaines sont des génies, comme Strindberg et Tolstoï, c'est que, dans l'élaboration de ces «synthèses», de ces «religions cosmiques universelles», transparaît une incroyable volonté de puissance, centrée en fait sur eux-mêmes beaucoup plus que sur la compassion envers les êtres humains souffrants (PODVOLL, 1987). Peut-être y a-t-il là un critère fondamental de santé mentale chez ces êtres qui conçoivent des «plans de salut» universels dont ils sont les maîtres d'œuvre, mais qui, en fait, ne font que crier leur angoisse transformée en une folle volonté de puissance.

Sans être «structurés» de façon aussi typiquement «maniaque» que Strindberg ou Custance, plusieurs chefs religieux nous semblent portés à cultiver l'état maniaque, au sens où nous l'entendons ici d'excitation et d'euphorie teintées de mégalomanie. J'ai vu des «pasteurs» de sectes bibliques sautiller en souriant sur la scène de leur église ou de leur temple, en disant qu'ils étaient ivres de Jésus depuis leur naissance ou leur baptême. J'ai entendu un professeur de «Sciences Cosmiques» dire qu'il était tout le temps dans l'état euphorique qu'il affichait dans ses cours (seuls ses intimes savaient quelles interrogations le tourmentaient et de quoi était faite, en bonne partie, cette excitation constante en présence de ses élèves).

Le bon ton dans plusieurs groupes ésotériques est également l'enthousiasme, l'euphorie, parfois la mégalomanie, qui incitent certains à dire que les Béatitudes qui, à leur avis, chantent les louanges de la faiblesse de l'homme, sont des insultes au Surhomme ou au «Christ» que nous sommes tous. On pourrait déceler des phénomènes semblables, quoique moins délirants, chez *est,* dans *Relationship, Lifespring* et la plupart des groupes de transformation de la conscience et des «groupes de croissance», pour qui l'homme est capable de tout, si sa pensée est «positive» et sa détermination inébranlable. Ces phénomènes relèvent souvent de l'hystérie, dont nous avons parlé plus haut. Lorsqu'ils dépassent certains seuils, notamment lorsqu'ils sont pris tout à fait au sérieux, considérés comme «réels», ils peuvent être de l'ordre de la «manie», qui, comme tout phénomène psychotique, est une façon de sortir de la réalité.

Devant de tels phénomènes, qu'ils soient maniaques ou simplement hystériques, il est bon de rappeler que la santé mentale ne consiste pas à être toujours de bonne humeur et en «pleine forme», «*great*». Il est certain, comme le prêchent les groupes de potentiel humain, que si l'on sait ce que l'on veut, si l'on tient ses engagements, si on dit la vérité, si on est intègre, la vie marche mieux et bien des conflits se résolvent[10]. Mais la solution des problèmes personnels, l'équilibre psychologique, la santé, ne signifient pas qu'on ne souffre pas, ne serait-ce que de la mort certaine, et surtout de la souffrance de tant d'êtres humains, qui n'ont pas la chance d'avoir été «transformés» ou d'avoir accédé à la «conscience cosmique universelle»... Il me semble que cette bonne humeur à tout prix, cette exhaltation constante, cette euphorie obligée, sont des formes maniaques de fuite de la réalité, des façons d'affirmer sa supériorité sur *le reste* du genre humain, dont la souffrance nous indiffère totalement ou n'a d'intérêt que si elle met en œuvre notre puissance, notre capacité de résoudre tous les problèmes, de répondre à toutes les questions.

Une des dimensions de la santé mentale, surtout si l'on est pasteur, catéchète ou thérapeute, est de pouvoir prendre sur soi, avec sérieux et sérénité, la souffrance humaine, dont on sait qu'elle est si incommensurable qu'elle ne nous permet pas de ballader hautement (et naïvement) notre sourire conquérant sur le «reste» de l'humanité.

Et la perversion ?

La psychose est essentiellement une «coupure» avec la «réalité» (c'est-à-dire avec les résistances que l'autre pose à mon désir en posant le sien et avec les exigences foncières liées au fait que nous existons dans l'espace-temps). La névrose est une déformation de la réalité, que l'on perçoit comme menaçante, dangereuse, vengeresse, ce qui entraîne une attitude rigide ou, au contraire, exubérante à l'excès, dont le but est de jeter de la poudre aux yeux de cette menace. La perversion est également un problème de relation à l'autre. Ne pouvant supporter qu'il partage avec moi l'existence, je ne prends qu'un morceau, séparé, de l'autre, ou je change les règles du jeu, me situant en destructeur dans une activité qui, selon sa description, devrait être tendre et créatrice de vie.

Le type de la première attitude perverse est le fétichisme qui consiste à ne trouver de plaisir qu'avec un objet qui renvoie à l'autre, mais qui en fait a perdu son lien avec l'autre. Un fétichiste jouit avec un objet, un sous-vêtement ou un soulier par exemple, qui renvoie bien à quelqu'un mais qui n'appelle pas ce quelqu'un: si l'autre apparaît en chair et en os, la jouissance du fétichiste cesse. Il ne supporte pas, dans sa jouissance, la présence ou la jouissance de l'autre. Mais, peut-être sommes-nous loin des nouvelles religions! Soulignons quand même, en passant, que le fétichisme est un danger constant des religions, même s'il y apparaît sous des formes pudiques. Les «objets», comme les médailles, les images, les souvenirs de toutes sortes, deviennent en effet des fétiches lorsqu'ils perdent leur relation symbolique à Dieu et au Christ, seul médiateur entre Dieu et les hommes dans le christianisme. Je ne serais pas étonné d'ailleurs qu'il y ait naguère eu fétichisme autour de l'hostie, «présence réelle», présence tellement réelle qu'on en oubliait qu'elle était une présence sacramentelle, c'est-à-dire symbolique, «signe d'une présence dans l'absence». Les tortures que nos aînés se sont imposées pour savoir si c'était péché de mordre dans l'hostie relevaient peut-être parfois du plus pur fétichisme.

L'une des formes les plus graves de perversion est sans contredit le sado-masochisme, notamment lorsqu'il imbibe subtilement les relations familiales et sociales. Il n'est pas rare de voir des couples dont la relation est faite de ce plaisir de faire souffrir l'autre et de subir (avec un plaisir pervers) la souffrance infligée. Il n'est pas rare de voir des relations parents-enfants qui se déroulent sous le signe de ce plaisir de voir l'autre souffrir et de recevoir, non sans plaisir, cette souffrance. Au niveau des religions, celles de type obsessionnel en particulier, il règne toujours un danger que celui qui occupe la position de législateur soit sadique envers ceux qui attendent de lui la loi et les règles de vie qui, s'ils sont masochistes ils l'espèrent, les feront souffrir un peu plus.

Le christianisme comporte, sur ce point, un danger non négligeable: l'identification au Christ souffrant est vécue par certains de façon très masochiste. Il est heureux que l'on ait remis en question ce «Dieu censé aimer la souffrance» (VARONE, 1985). Si Dieu aime la souffrance, c'est dans la mesure où il aime l'être humain qui souffre, et non parce qu'il aime le faire souffrir, sauf, éventuellement, dans la perspective mystique, évoquée par Thérèse d'Avila, où Dieu «fait souffrir» comme n'importe quel amant le fait, tellement il dérange l'aimé et l'oblige à se dépasser. Mais, alors, on se comprend et ça n'est ni sadisme ni masochisme,

Ce qu'il y a de plus pervers dans un acte pervers, c'est le plaisir procuré non par l'acte pervers lui-même, mais par le fait d'enfreindre la «loi». On ressent une jouissance intense à faire «le contraire». Les délinquants sont un bel exemple de cette jouissance perverse: ils ont du plaisir à voler, voire à tuer, non pas tellement à cause du butin, mais *parce que c'est défendu*.

C'est probablement dans ce registre que se situent les «religions sataniques». On organise des «messes» où l'on invoque avec grande jouissance les puissances du mal, où l'on fait des orgies sexuelles liées à des objets considérés comme des objets de culte (sacrés, intouchables). On enfreint toutes les lois sacro-saintes des parents et de «la société»: on ne recherche pas tellement la jouissance sexuelle, mais le plaisir de briser beaucoup d'interdits à la fois. On est dans la perversion, dans la mesure même où l'on fait systématiquement l'inverse ou l'envers de ce «qui se fait».

Ce phénomène me semble fort intéressant. Il met en relief le lien entre le «sacré» (intouchable) et le «sale» (également intouchable) et peut-être montre-t-il le caractère très anal de la perversion (au stade anal, en effet, le caca est à la fois un «cadeau» offert aux parents et un produit sale qu'il ne faut pas toucher). D'ailleurs les lois concernant la propreté (le caca) sont les premières lois auxquelles l'enfant est confronté. Il est possible que les cultes sataniques contestent la loi à ce niveau archaïque fondamental. Mais cela en dit long sur leur sexualité et sur leur niveau d'évolution psychologique. Je ne suis d'ailleurs pas étonné que beaucoup de participants à des cultes sataniques soient, me dit-on, des enfants de familles dévotes, souvent «charismatiques». Le trop suscite le trop: ces adolescents qui se livrent à des cultes «pervers» disent bien à leurs parents ce qu'ils font de la nourriture qu'on leur offre. Il est cependant dommage qu'ils expriment ainsi leur désaccord ou leur refus. Les activités perverses ont en effet comme caractéristique de procurer un plaisir intense, parfois aigu, à la limite du supportable, qui se charge ensuite d'une puissance de mort, d'auto-destruction, qui a souvent des conséquences dramatiques: elles ouvrent en effet la porte à la psychose et à la mort.

6

La «coupure», la barre, la culpabilité

Je voudrais, dans ce chapitre et le chapitre suivant, proposer quelques considérations moins proches de la clinique, plus philosophiques, plus théologiques et plus personnelles. Tout en gardant ma perspective clinique, j'aborderai des points théoriques qui me paraissent importants pour la compréhension des nouvelles religions. Au-delà de la clinique quotidienne, mais à partir de celle-ci, le psychanalyste, s'il a quelque culture, peut en effet réfléchir sur ce qui se passe dans la société, dans les religions auxquelles lui-même et ses patients appartiennent... ou refusent d'appartenir. Ce genre de réflexion se retrouve d'ailleurs, et de façon importante, dans l'œuvre de Freud lui-même.

Il y a en effet dans l'œuvre de Freud différents niveaux de pensée. D'abord, des textes ou des parties de texte très «cliniques»: ce sont les textes où Freud nous relate presque verbatim des séances avec ses patients et où il nous permet d'assister à la pénible élaboration de sa compréhension de l'inconscient, de l'«autre scène». On a des exemples de ce genre de texte dans le *Fragment d'une analyse d'hystérie* (1905) et *Remarques sur un cas de névrose obsessionnelle (L'homme aux rats)* (1909). Il y a d'autres textes que Freud appelle «métapsychologiques». Il nous dit là-dessus des choses fort intéressantes. «J'espère, écrit-il à son ami Fliess, en avril 1896, que tu voudras bien prêter l'oreille à quelques questions métapsychologiques. [...] Je n'ai aspiré, dans mes années de jeunesse, qu'à la connaissance philosophique et maintenant je suis sur le point d'accomplir ce vœu, en passant de la médecine à la psychologie» (Lettre du 2 avril 1896, citée dans LAPLANCHE ET PONTALIS, 1966: 238-239). En fait, Freud était, comme il le dit, fasciné par la philosophie, mais, par souci «scientifique», il a voulu remplacer celle-ci par la psychologie et par ce qu'il nomme la «métapsychologie» (avec une allusion certaine à la métaphysique).

Mais il existe encore un autre niveau de la pensée freudienne, un niveau qui, alors, est encore plus nettement philosophique, sans oser dire son nom. C'est le niveau où se situent ses œuvres sur Michel-Ange et Léonard de Vinci («psychanalyse appliquée») et surtout ses quatre importants ouvrages sur la religion, *Totem et Tabou* (1913), *L'Avenir d'une Illusion* (1927), *Malaise dans la Civilisation* (1930), *Moïse et le Monothéisme* (1939). À ce niveau, Freud parle comme un Juif viennois héritier de l'idéal scientifique du XIXe siècle et fondateur de la psychanalyse. Il réfléchit en philosophe à partir de son fauteuil de psychanalyste. Son expérience clinique se joint à sa culture pour lui faire jeter un certain regard sur des phénomènes culturels et sociaux qui l'intéressent.

J'essaierai, dans ce chapitre, de suivre les traces du

Maître et je proposerai quelques réflexions sur la conversion aux nouvelles religions, que je situerai dans l'ordre de la recherche de solution à la culpabilité, et, plus largement, à la «barre» constitutive de l'être humain.

Pourquoi, en effet, quelqu'un change-t-il de religion ou, alors qu'il était mécréant et laïc, décide-t-il d'adopter une religion? Je crois que l'on a tendance à répondre à cette question de façon beaucoup trop intellectuelle, en se demandant simplement pourquoi quelqu'un a changé de vision du monde, de croyances, de philosophie.

En réalité, les choses ne se passent pas comme cela. Quelqu'un est mal dans sa peau. Ou pas très bien. Il lit un livre. Il assiste à une soirée. Il sent tout à coup qu'il vient d'entendre des choses qui le font se sentir mieux. Il suit les conseils, il fait les pratiques recommandées, il suit les règles qu'il a entendues. Il se sent mieux. Il retourne entendre le maître, le «*preacher*» ou le gourou qui a suscité ce changement dans sa vie. Il assiste de plus en plus régulièrement aux réunions. Il change certaines de ses façons de vivre. Parfois, il se fait baptiser ou initier, il prend «refuge». Il s'est «converti». Que l'être humain soit «détruit» plutôt que «damné», qu'il y ait dualisme dans la pensée ou pas, qu'il y ait trois personnes en Dieu ou pas, cela, à ce stade de la démarche de conversion, a peu d'importance, à vrai dire.

Ce qui compte d'abord c'est qu'il se sent mieux, que sa vie marche mieux, qu'il a trouvé un sens à la vie, des amis, des intérêts, des fascinations. C'est ce mieux-être qu'il tentera ensuite de justifier par des arguments «théologiques», tant il est vrai que l'être humain sent toujours le besoin de justifier ce qu'il fait. Les gens ne se convertissent pas à une théologie, qui vient après coup. Ils se convertissent à un message (pourrait-on dire un kérygme?) qui les fait se sentir mieux. Il ne s'agit pas là d'une aberration. La foi, la croyance, l'adhésion à une religion sont toujours au départ de l'ordre du bon plutôt que du vrai: la meilleure des théologies est une pyramide qui repose sur sa pointe et sa pointe c'est la foi ou l'expérience, la rencontre d'une personne, totalement impossible à «prouver», à justifier rationnellement, mais qui font du *bien*. La théologie scolastique disait que, dans la foi, l'intelligence adhère à des vérités, non pas parce qu'elle les trouve vraies (rationnellement, elles ne le sont pas), mais parce qu'elle est poussée par la volonté qui trouve ces vérités bonnes.

Longtemps la religion fut considérée comme un héritage, comme la langue et le nom. Il n'était pas rare d'entendre, il y a quelques années, que la religion, il ne fallait pas en changer, parce que c'est ta mère qui te l'a donnée avec ses soins et son lait. La religion de son enfance était vraie parce que tout ce qui venait des parents et de la tradition était bon. Aujourd'hui, la religion, comme la sexualité, fait partie du domaine privé: on estime que chacun a le droit de choisir la sienne. Aussi beaucoup estiment-ils qu'ils ne trahiront pas leur mère en décidant qu'ils n'auront aucune religion ou qu'ils en adopteront une autre. La religion étant de l'ordre du privé, c'est chacun qui juge de ce qui est bon pour lui. Si une religion ennuie, culpabilise, donne l'impression d'exploiter, d'abuser du pouvoir, d'être de connivence avec les riches, d'être obscurantiste, elle n'est plus *bonne* et on n'y croit plus (elle n'est plus *vraie).* Si, au contraire, le sermon d'un «pasteur» ou d'un télévangéliste plaît et réconforte, si le livre d'un Maître hindou ou bouddhiste donne de l'espoir, si une pratique, comme la méditation ou le yoga, fait qu'on se sent mieux, si des pratiques et des lectures redonnent le sens de la dignité, si une communauté donne de l'amour, on trouve cela *bon* et on adhère. C'est dans un second temps que l'on adoptera les croyances et les doctrines de ce prêcheur et de ce groupe qui font du *bien*.

Si les évangiles ont eu le souci de montrer que Jésus était bien l'héritier de la tradition d'Israël et la réalisation des promesses, leur autre souci principal fut de montrer que Jésus apportait quelque chose de *bon:* «les aveugles voient, les boiteux marchent». C'est là le sens des «miracles» de Jésus, qui sont des signes que Jésus est le Messie attendu: ce qu'il apporte est *bon,* et c'est cela qui incite à croire que ce qu'il dit est *vrai*. Ses paroles libèrent, guérissent, rendent plus vivant. Elles font du *bien*. On peut donc croire qu'elles sont *vraies*.

Hexham et Poewe, dont nous avons parlé dans un chapitre antérieur, expliquent la conversion à une religion qu'ils qualifient de «shamanique» ou d'«hystérique», en disant que les individus qui seront sujets à une telle conversion souffrent d'une «schismogenèse», relationnelle, spirituelle, rationnelle ou émotionnelle. Le terme «schismogenèse» vient de Laing, un psychiatre britannique connu surtout pour ses études sur la schizophrénie. Le terme «schismognèse» exprime la coupure qui existe chez les psychotiques, mais aussi chez bien des êtres humains. Coupure entre les valeurs de la société et les valeurs et le vécu personnels, coupure entre les valeurs de l'enfance et les valeurs et le vécu de l'âge adulte (HEXHAM, 109 et ss.). Pour Hexham et Poewe, cette coupure va se manifester ou sous la forme d'une aigreur suivie d'un retrait social et de violence politique (c'est le cas des révolutionnaires), ou sous la forme d'un retrait dans un monde intérieur, dans des visions, des voix, des hallucinations (c'est le cas des psychotiques), ou sous la forme d'une rationalisation qui va devenir agression verbale, cynisme, bluff (comme chez bien des intellectuels), ou, enfin, sous la forme d'une frénésie émotionnelle hystérique qui donne naissance à des relations chaotiques.

La conversion à une religion de type hystérique est pour ces auteurs une des solutions possibles au malaise engendré par cette «coupure». Le «converti» à ce genre de religion serait celui qui accepte, jusqu'à un certain point, les valeurs sociales actuelles (il n'est pas entièrement coupé et isolé, comme le schizophrène, il ne cherche pas à changer radicalement la société, comme le révolutionnaire) mais ne peut s'y sentir tout à fait bien, parce que ses valeurs personnelles ou les valeurs de son enfance ont de l'importance et ne sont pas totalement en harmonie avec les valeurs sociales actuelles ou avec la réalité de sa vie.

L'explication est intéressante: ce qu'elle dit, en somme, c'est que les adeptes des nouvelles religions sont des inadaptés, inadaptés à la société, inadaptés à une vie d'adulte qui ne correspond pas à leurs valeurs et à leurs aspirations profondes. Portés à être dépendants d'une figure paternelle, ils doivent vivre dans une société qui valorise à l'excès l'autonomie. Aimant l'ordre et la hiérarchie, ils vivent dans une société démocratique et mobile. Soucieux de pureté, avides d'absolu et de perfection, ils ne parviennent pas à exceller dans les domaines que la société valorise et ils se retrouvent dans des métiers modestes, peu valorisés, voire marginaux. Leur vie est souvent chaotique et incohérente, alors qu'ils aspirent à l'harmonie.

Hexham et Poewe essaient aussi de cerner les mythologies modernes qui seraient sous-jacentes aux nouvelles religions et, ce faisant, ils vont tout à fait dans notre sens: c'est principalement la mythologie, au sens moderne du terme, et non la théologie, qui fait que les nouvelles religions exercent un attrait sur nos contemporains. Mythes prophétiques (Cayce, Nostradamus) qui rassurent l'homme devant un avenir incertain et un monde toujours changeant, mythes d'êtres intelligents privés de corps (l'Exorciste, Star Trek), mythes du hasard (triangle des Bermudes, Indiana Jones), mythes de la mystique néo-païenne (Castaneda, Watson), mythes pseudo-scientifiques (E.S.P., Geller, Moody), mythes technologiques (science-fiction, soucoupes volantes, extra-terrestres) qui rendent familiers les «espaces infinis» angoissants. Ces mythologies tentent toutes de rassurer l'homme de cette fin de millénaire, informé des possibilités et des progrès inouïs et effrayants de la science, dépouillé de ses appartenances familiales, terriennes ou villageoises, loin du rythme de la nature, inquiet devant les possibilités d'extermination nucléaire, dépassé par les «miracles» de la technique, et, comme toujours, intrigué ou révolté par la souffrance, le vieillissement et la mort, auxquels il essaie de ne pas penser mais dont il se demande comment il se fait qu'après tant de progrès, ces calamités le menacent toujours. Ces *mythologies* tentent aussi de donner à l'homme ordinaire, à l'ouvrier, à l'enseignant, au fonctionnaire, voire à l'universitaire, qui se sentent impuissants devant la marche de ce monde, un espace où ils peuvent ressentir quelque puissance, celle-ci fût-elle purement imaginaire.

Contrairement aux mythes grecs, aux mythes des religions mésopotamiennes ou égyptiennes, contrairement aux mythes juifs (le Déluge, la sortie d'Égypte, par exemple) ou aux «mythes» chrétiens concernant la naissance et surtout la mort et la résurrection de Jésus, la plupart des mythologies contemporaines n'ouvrent pas sur le Transcendant, sur «le divin». Elles restent centrées sur l'homme qui, grâce à quelque pouvoir plus ou moins magique, trouvé dans un ordinateur, dans des champignons, dans des extra-terrestres ou dans un cerveau surhumain, résoudra les conflits qui l'angoissent, l'écrasent ou le désespèrent.

Il existe, par contre, des nouvelles religions qui, comme les grandes religions traditionnelles, se soucient de questions plus profondes, plus universelles dans le temps et dans l'espace, de questions qui ne sont pas uniquement celles de notre fin de millénaire. Des questions que posent la mort, la souffrance, la solitude, la haine entre les frères, l'injustice entre les hommes, l'impermanence de nos joies et de nos bonheurs, l'errance de nos jugements et de nos savoirs, les limites de nos forces et de nos courages.

Le grand psychanalyste français Jacques Lacan a insisté sur le fait que l'homme est un sujet «barré». Il veut dire par là que, du fait de l'existence de l'inconscient, le «sujet» humain est inadéquat à lui-même: il ne peut jamais prétendre être totalement conscient de ce qu'il fait. Pour reprendre les termes que nous utilisions plus haut, l'être humain joue toujours sur deux scènes et il n'est conscient que de l'une d'elles. Il ne peut jamais vivre la «plénitude» de son être et, en ce sens, «souffre», si l'on veut parler ainsi, d'une «schismogenèse» fondamentale qui n'est pas le lot que de quelques inadaptés.

Cette «barre», qui rend tout être humain insatisfait, elle

peut s'exprimer de différentes façons. On peut la dire en termes d'«ignorance», comme dans le bouddhisme, ou, comme dans la tradition judéo-chrétienne, en termes de création, de péché et de culpabilité, Pour le bouddhisme, en effet, l'homme, à un moment mythique, a posé devant lui l'*autre*, créant ainsi la dualité, qui l'a ensuite incité à renforcer son «moi» face à l'*autre,* illusoire, qu'il a lui-même créé, et à avoir envers cet autre de la passion et de l'agression. Toute la démarche bouddhique consistera à perdre l'illusion de cette dualité, à sortir de l'*ignorance* fondamentale (qu'il ne faut pas trop facilement confondre avec l'ignorance gnostique) en commençant par la perte de cette illusion qu'est le moi distinct de l'autre.

Dans les religions gnostiques, cette «barre» prend la forme d'une «chute» de l'âme dans le corps, dans l'existence humaine, et la démarche gnostique consistera à «remonter» vers la source, à sortir de la chute, pour retrouver l'unité avec le «principe divin».

Dans la tradition judéo-chrétienne non-gnostique, ce n'est pas la condition humaine qui est une «chute», mais le péché, dont les conséquences sont la souffrance et la mort, l'injustice et l'erreur, l'isolement et le désordre. Aussi, le christianisme est-il essentiellement une délivrance du péché et de la culpabilité: grâce à la mort et à la résurrection du Christ, l'homme est libéré de sa faute, qui a été prise en charge par le Christ, et donc expiée, pardonnée.

Ce sont là toutes les façons culturellement différentes de dire que l'être humain est un sujet «barré», scindé, inadéquat à lui-même, et aussi, et c'est cela une religion, qu'il est possible de dépasser, de transcender cette «barre» et de (re)trouver la plénitude, l'adéquation perdue, et, dans le christianisme, l'union avec Dieu (ceux qui n'ont pas de religion estiment que cette «barre» est indépassable). Une fois élaboré le mythe originel, ces différentes cultures et religions pensent avoir trouvé l'explication ultime des différentes formes que prend le malaise ou le malheur de l'être humain.

Les mythologies sont facilement analysables et la psychanalyse peut assez aisément y déceler les jeux, souvent assez simples, du fantasme et du désir. Les mythes, par contre, ne se laissent pas réduire par la psychanalyse et il est dommage que des théologies aient tenté de réduire les mythes, en les transposant dans des discours conceptuels qui les vident de leur impact et, à la limite, de leur sens, réduisant par exemple le «récit de la chute» au «péché originel» (RICŒUR, 1969; FRYE, 1984).

Le mythe est un récit, situé dans le passé ou dans l'avenir, qui «raconte» comment l'homme est né et mourra, comment il se fait que l'homme souffre, vieillit et meurt, comment il se fait que l'homme aime et déteste. Sa structure lui viendrait, d'après Jung, des formes à priori de l'inconscient collectif, des «archétypes». Cet enracinement profond dans l'inconscient humain rend les mythes en quelque sorte intraduisibles, indépassables, premiers, qu'il s'agisse d'Œdipe, du Déluge, de la sortie d'Égypte, de l'«éveil» ou de l'«harmageddon». Certains mythes se greffent sur des faits historiques, comme la sortie d'Égype et même le Déluge. Certains sont des récits historiques qui jouent le rôle de mythes, comme c'est le cas de l'éveil du Bouddha et de la résurrection du Christ. D'autres, enfin, sont des projections et de pures créations de l'esprit humain, qui expriment les convictions profondes d'une société, comme tous les mythes de la création, le récit de la chute, l'Arche de Noé, et plusieurs mythes grecs: cela ne leur enlève pas leur valeur, puisqu'ils sont, de toute façon, des récits où un peuple, une culture, une religion se reconnaissent et dans lesquels ils trouvent la source de leur existence et de leur cohésion. En tous les cas, le psychanalyste ne peut que s'y buter comme à une limite de sa discipline.

Par contre, ce qui est en grande partie analysable, c'est pourquoi quelqu'un fait sien tel mythe plutôt que tel autre, pourquoi il préfère l'éveil à la résurrection, pourquoi il préfère la connaissance et la conscience à la foi, pourquoi la catastrophe finale et prochaine le fascine davantage que le recommencement constant des éons ou la longue marche d'un peuple vers la Terre Promise.

Dans le judéo-christianisme, la «barre», dont nous parlions, a pris, entre autres, le nom de «péché», et s'est exprimée dans le récit (le mythe) de la chute d'Adam et d'Ève. Or, il me semble que beaucoup de convertis aux nouvelles religions, notamment aux religions gnostiques et orientales, se sont convertis, ont changé de mythe, parce qu'ils voulaient à tout prix se débarrasser de ce mythe de la chute. Il faut bien reconnaître qu'on peut les comprendre: le christianisme sain dit bien (c'est d'ailleurs un aspect important de la bonne nouvelle) que le Christ est venu «réparer» les conséquences de cette chute, mais les aléas de l'histoire et aussi le processus naturel de dégénérescence des valeurs et des messages religieux ont fait que, au XXe siècle en tout cas, le christianisme a été porteur, à bien des égards, plus de péché, de «barre», que de rédemption et de plénitude. Il était plus la mauvaise nouvelle du péché, de la mort, de la condamnation, que la bonne nouvelle du salut. C'est une solution à ce malaise, à cette présence persistante de la culpabilité, que plusieurs cherchent et croient trouver dans les nouvelles religions. On veut évacuer la culpabilité en devenant gnostique ou bouddhiste (la souffrance est due à la chute de l'âme dans un corps ou à l'ignorance fondamentale plutôt qu'au péché: l'homme n'est donc pas «coupable» de son malheur).

Si les religions gnostiques et orientales se fondent sur des mythes où il n'y a pas à proprement parler de «péché», elles reconnaissent, dans leurs mythes même, la «barre» de l'homme, que ce soit la finitude de sa vie ou la réalité de sa souffrance, comprises comme conséquences de la chute dans un corps ou d'une ignorance fondamentale.

Il existe, par contre, des nouvelles religions et de nombreux groupes de développement de la conscience et de croissance qui évacuent non seulement le péché, mais aussi la souffrance et la mort, de la condition humaine: la mort n'a rien à voir avec le péché, à la limite elle n'existe pas, et la souffrance est celle que l'homme, dans son irresponsabilité, s'inflige à lui-même. «*No shame, no blame*», «pas de honte, pas de blâme», proclament les groupes de potentiel humain et certaines religions. On veut en avoir fini avec ce qui rend l'homme inadéquat à lui-même: le péché judéo-chrétien, greffé sur la finitude de l'homme, le statut d'être créé, qui empêche d'être Dieu.

Si la tradition judéo-chrétienne comprend la «barre» du sujet humain en termes de péché, elle la comprend aussi en termes de création: l'être humain est créé, à l'image et à la ressemblance de Dieu certes, mais il n'est pas Dieu. Sa conscience et son savoir sont limités et, pourrait-on dire avec les savants, ils le seront toujours. C'est contre cette limite que s'insurgent un certain nombre de nouvelles religions. Elles proposent à leurs adeptes l'immortalité du tout de l'homme, le dépassement de toute dualité, la clarté totale de la conscience. Sans aller aussi loin, des groupes de développement de la conscience estiment que la souffrance de l'être humain disparaîtra s'il dit la vérité, s'il tient parole, s'il se consacre à la «transformation» du monde. Ils estiment aussi que la souffrance n'est que le fruit de nos interprétations et qu'elle disparaîtra quand, copiant les maîtres bouddhistes et transformant en bonne humeur facile leur douloureuse sérénité, nous dirons «quand je meurs, je meurs, quand je suis malade, je suis malade, quand mon enfant meurt, il meurt».

Il est certain que beaucoup de nos malheurs viennent de nos mensonges, qui compliquent les relations et fomentent les guerres. Il est vrai que beaucoup de nos souffrances viennent du non-respect de nos engagements et du repliement sur nous-mêmes, du manque de communication[10]. Mais, ne peut-on se demander pourquoi, tout en sachant cela, l'être humain continue de mentir, d'être infidèle à lui-même et aux autres, d'être centré sur lui-même, secret, ambitieux, jaloux, possessif, fanatique et malveillant? Il est certain que beaucoup de nos malheurs viennent de nos fixations à des projets irréalistes, à des «normes» irraisonnées: je souffre parce que je veux être ingénieur et n'ai aucun don pour les chiffres, parce que je suis de petite taille et voudrais être grand et mince. Mais, à un niveau plus profond, comment penser un être humain qui n'aurait pas de surmoi (porteur d'interdits), d'idéal du moi (porteur de valeurs)? Comment penser un être humain qui n'aurait pas de culture, qui lui dit que l'inceste est interdit, que l'honneur et la dignité sont importants, que le vol et le mensonge sont condamnables, qui lui proposent, en somme, des «interprétations» de sa conduite et des événements de sa vie?

S'ils libèrent bien des humains de leurs normes trop rigides, de leurs «valeurs» trop solides (qui sont souvent des préjugés), bien des groupes de développement de la conscience, bien des groupes de croissance, les thérapies de l'acceptation inconditionnelle et niaise de soi et du «*no shame no blame*» (en québécois: «il n'y a rien là!»), tentent, en vain croyons-nous, de nier cette instance psychique qui, pour le psychanalyste, est indéniable: le surmoi, lieu où s'insèrent dans les profondeurs de l'inconscient humain les valeurs, la culture et la tradition. Celles-ci sont parfois abusives et mortifères: c'est dans la mesure où elles le sont qu'il est souhaitable de s'en libérer ou, pour le moins, de les relativiser. Mais, en elles-mêmes, elles sont indispensables à la santé mentale et à la vie humaine digne de ce nom. La non-adéquation de l'homme à ses aspirations n'est pas nécessairement un rejeton de la culpabilité chrétienne morbide, elle est un aspect de la «barre» du sujet humain.

L'immortalité du tout de l'homme, et donc du corps, promise par certaines religions et considérée par les sciences-cosmiques comme l'une des caractéristiques de la «prochaine race», est un autre aspect sous lequel certaines religions essaient de nier la «barre», la finitude de l'homme. Cette immortalité ne repose sur aucun fondement scientifique et elle n'est rien d'autre qu'une illusion, c'est-à-dire l'objectivation d'un fantasme et d'un désir. Freud estimait que l'immortalité de l'âme est une illusion liée au désir de permanence de l'ego, lorsque celui-ci est pris pour une «substance». On peut ne pas être d'accord avec ce «Juif infidèle» (PELLETIER, 1981,

1982). Il n'en reste pas moins que tant les études sur l'immortalité de l'âme chez Platon (BONZON, 1987) que des démarches philosophiques récentes et sérieuses montrent qu'il faut dépasser cette vision de l'âme comme une «substance» solide, soutenant des «accidents» impermanents. Ce qu'il peut y avoir d'immortel chez l'homme, ce n'est ni une «substance» ni encore moins un corps. C'est ce que l'on peut appeler le «Soi», cette identité dont nous parlions plus haut et qui est de l'ordre, non de la «mêmeté» et de la permanence, mais de l'ipséité d'un sujet qui n'existe pas à la façon des êtres matériels que nous connaissons, et dont le seul attribut qu'on puisse, avec Aristote d'ailleurs, lui reconnaître c'est qu'il sait dire «je» (RICŒUR, 1988: 299-300). Pour la psychanalyse donc (et aussi pour la tradition biblique), l'homme est mortel: c'est sa finitude dans le temps.

La psychanalyse a reconnu un autre niveau de finitude chez l'homme: celui de la conscience, ou, plus exactement, du «conscient». Jusqu'au XIXe siècle, en effet, la psychologie faisait l'adéquation entre le sujet humain et la conscience. C'est cette adéquation qu'a ébranlée la «découverte» de l'Inconscient par Freud et par quelques psychologues qui l'avaient précédé dans cette voie. Comme nous le disions plus haut, le sujet humain est «barré», et l'objet de la psychanalyse n'est pas du tout de rendre le patient tout à fait «clair», comme prétend le faire la Scientologie. Le refoulement dont nous parlons en psychanalyse n'est pas un ennemi à déloger, et bien des choses qui accèdent au conscient pendant une psychanalyse redeviennent inconscientes bientôt après: la santé mentale consiste seulement, à cet égard, en ce que le refoulement est souple et les fantasmes et les désirs inconscients ne sont ni violemment maintenus dans l'inconscient, comme chez les obsessionnels, ni constamment prêts à surgir sous des formes déguisées, comme chez les hystériques.

La totale clarté, la totale transparence, la totale limpidité de la conscience sont, d'un point de vue psychanalytique, des illusions. Bien sûr ne se prononce-t-on pas, en psychanalyse, sur ce qu'il en sera de la clarté de la vision béatifique ni même sur celle qu'ont pu atteindre, après bien des vies d'ailleurs, le Bouddha et les Boddhisatvas. Mais, on se demande, si, comme dans le cas de l'immortalité, la rayonnante clarté de la conscience, que proposent plusieurs religions orientales et ésotériques, n'est pas une ignorante négation de la «barre» du sujet humain. Ces remarques ne vont pas à l'encontre du développement de la conscience, tel qu'en a parlé Teilhard de Chardin ou tel que l'étudie Ken Wilber (1985). Elles veulent simplement signaler que les «progrès» de la conscience font partie des projets de l'humanité, des projets à très long terme, qu'il est assez ridicule de penser avoir réalisés après quelques années d'étude ou de méditation.

Il existe enfin un autre point sur lequel bien des nouvelles religions tiennent à se démarquer de ce qu'elles estiment être la tradition chrétienne: le *dualisme*. Les religions ésotériques et orientales, en effet, reprochent au christianisme de poser un terrible dualisme entre Dieu et l'homme, entre moi et l'autre. Il y là beaucoup de vérité, sur un point où l'équilibre judéo-chrétien est toujours difficile à tenir. Cet équilibre se situe entre la transcendance de Dieu (qui n'est pas de la distance) et son immanence (qui n'est pas de l'identification aux créatures), entre le Dieu tout autre et le Dieu-Père avec lequel nous sommes un, comme nous l'a dit le Christ lors du dernier repas. Les récents siècles de chrétienté ont eu plutôt tendance à éloigner Dieu, à en faire un «père» distant et froid, et on peut comprendre le malaise de ceux qui aspirent à davantage d'intimité avec l'Absolu. Il est à craindre cependant que bien des nouveaux convertis recherchent davantage la fusion que l'union avec l'Absolu. Il est à craindre aussi que les visions monistes du monde, comme la vision hindoue et, à certains égards, la vision bouddhique, créent en fait un univers où, tout le monde étant un avec tout le monde, personne n'a plus de relations avec personne. Les tentatives pour nier l'altérité (qui n'est pas nécessairement «dualiste») sont aussi des tentatives pour nier la «barre», la limite radicale de l'être humain, qui est lui-même et pas l'autre, qui est seulement lui-même et pas tout le monde.

Il me semble que, partis d'une culpabilité écrasante et malheureuse, plusieurs de nos contemporains ont commencé par nier la chute (le «péché»), puis, de fil en aiguille, certains ont nié la mort, les limites de la connaissance, les limites de l'individu. Inutile de dire qu'on a aussi nié l'inconscient, dont on estime que, en «barrant» le sujet humain, il est un rejeton trop marqué de tradition juive. Ces réactions sont, en bien des cas, totalement inacceptables et ne feront sans doute pas long feu. Elles incitent cependant à réfléchir sur des sujets importants, comme la finitude, la mort, les limites et les possibilités de la conscience, l'altérité et l'union de l'homme avec Dieu.

Les nouvelles religions donnent, en fait, beaucoup à penser à la théologie, qui s'énerve peut-être trop à propos du sacerdoce des femmes et ne se penche peut-être pas suffisamment sur les grandes questions: la création, qui n'est pas de la fabrication (comme le pensent les Raéliens), la transcendance, qui n'est pas de la distance, la «vision» béatifique, qui n'est pas un spectacle, tant le connaissant et le connu sont, comme dit quelque part saint Thomas, plus un que la matière et la forme.

Quant à nous et pour le moment, nous proposerons seulement quelques remarques sur la culpabilité, qui semble avoir été pour beaucoup dans cette réaction en chaine qui, de l'homme innocent en a mené plusieurs à l'homme tout-puissant (mythe ou fantasme que la psychanalyse considère d'ailleurs comme éminemment infantile). La culpabilité, qui est la forme privilégiée qu'a prise dans l'Occident judéo-chrétien la «barre» du sujet humain, peut être vécue de bien des façons. Vécue dans la solitude, elle devient facilement du scrupule, qui est une rage tournée contre soi-même: le sur-moi veut détruire le sujet qui a été assez fou pour se livrer aux pulsions. Cela mène parfois au suicide ou, pour le moins, à la dépression. La seule façon de vivre la faute, à vrai dire, est dans une relation, dans une relation avec un «autre» qui pardonne. C'est cela l'essence, à certains égards, du christianisme. Les rois égyptiens, sur leur lit de mort, disaient aux dieux: «je n'ai pas péché». Les rois d'Israel disent à leur Dieu: «j'ai péché». Parce qu'ils savent que ce Dieu les aime assez pour leur pardonner.

Ce qui a tellement déboussolé la chrétienté c'est d'avoir coupé la vie morale de la vie théologale. Selon la vie morale, en effet, je me sens coupable, mais, n'ayant pas de vie théologale, de foi, d'espérance et d'amour, je ne sais pas devant qui je me sens coupable, si ce n'est devant moi-même, c'est-à-dire devant le juge le plus implacable qui soit. Quand on aime, on reconnaît à chaque instant que l'on est «coupable» («excuse-moi», «pardon») et, dans l'amour, on transcende à tout instant les fautes et la culpabilité. Vouloir une vie relationnelle sans culpabilité («*no shame, no blame*») c'est vouloir être un roi égyptien qui dit constamment qu'il n'a rien fait de mal, parce qu'il se prend pour un dieu et que personne n'est assez grand pour lui pardonner.

Le catholicisme et beaucoup de religions protestantes, luthériennes et calvinistes notamment, ont amassé sur notre dos tellement de culpabilité morbide que plusieurs anciens membres de ces religions sont prêts à écouter quiconque leur dit qu'ils ne sont pas coupables, qu'ils sont «foncièrement bons», que s'ils sont malheureux ce n'est pas à cause du péché, ou qui leur dit les façons *exactes* d'être bons, d'être un roi égyptien. La culpabilité morbide n'est-elle pas la maladie foncière du judaïsme et du christianisme?

L'attitude d'une religion face à la culpabilité (et à sa constellation: souffrance, mort) est l'un des principaux critères de sa santé. Une religion qui se complaît dans la culpabilité, la cultive, la suscite, menace de souffrance et de mort (pour un tout et pour un rien), est une religion malsaine. Elle n'est pas *bonne,* si *«vraie»* soit-elle. Certains fidèles le savent bien d'ailleurs, quand ils vont chercher ailleurs une meilleure nouvelle.

Une religion ou un groupe de développement qui nie le péché (ou ses équivalents: l'ignorance fondamentale, la chute dans le corps) sont également malsains parce qu'ils créent une illusion ou bien obligent l'homme à une superficialité qui ne tient pas compte du fait que l'être humain est, de par sa nature même, un être «barré», inadéquat, fini (RICŒUR, 1960).

Ce qu'un être humain cherche dans une religion c'est quelque chose de *bon*: du bien-être, de la paix, le pardon, une consolation dans la soufrance et dans la mort, tous bienfaits qui, dans la tradition judéo-chrétienne, sont liés à la libération du péché et donc de la culpabilité. Quand on lui présente un message qui le fait se sentir coupable et donc lui fait voir sa souffrance et ses malheurs comme une punition, sa mort comme une menace de condamnation éternelle, l'être humain cherche souvent ailleurs une meilleure nouvelle. C'est ce qui explique largement, comme nous l'avons dit, que certains adhèrent à une nouvelle religion.

Dans ce chapitre, nous avons tenté de comprendre pourquoi certains se convertissent à des religions non-traditionnelles. Nous avons retenu l'explication de Hehxam et Poewe, fondée sur la schismogenèse: on se convertit pour combler un vide, une coupure, pour résoudre une mésadaptation. On se convertit aussi parce qu'on cherche des mythologies qui offrent des solutions aux angoisses intenses de cette fin de millénaire. Nous avons ensuite proposé l'idée que plusieurs abandonnent les «mythes» chrétiens, notamment les mythes de la création et de la chute, au profit des mythes gnostiques ou orientaux, parce que leur expérience de la culpabilité fut traumatisante et qu'ils préfèrent tout autre mythe à ceux des premiers chapitres de la *Genèse*. Enfin, nous avons posé le problème des religions ou des groupes qui refusent tout mythe exprimant la «barre» du sujet humain, et qui présentent l'homme comme capable de conscience totale, d'immortalité corporelle, et comme capable de résoudre par ses propres forces les mystères de la souffrance, du veillissement et de la mort. Ces derniers groupes, s'ils sont temporairement libérateurs pour certains qu'accablent trop de souffrance et trop de misère, sont, pourrait-on dire, *philosophiquement* malsains, parce qu'ils proposent une vision superficielle et illusoire de l'être humain, sur laquelle il est dangereux de fonder une vie et une espérance. Ils sont bons, en guise de repos et de transition. Ils ne le sont pas foncièrement. Disons qu'ils font plaisir. Cela est parfois bon, mais il n'est pas sûr que cela comble de façon sérieuse les attentes profondes de l'être humain.

7

Regard sur quelques phénomènes liés aux nouvelles religions

Après les réflexions assez théoriques du précédent chapitre, nous reviendrons lentement vers la réalité clinique, que nous retrouverons dans le prochain chapitre. Dans ce chapitre-ci, nous resterons à un niveau encore assez général et nous examinerons un certain nombre de critiques qui sont souvent faites aux nouvelles religions concernant le manque d'engagement social de plusieurs religions et groupes de développement. Puis, nous ferons un certain nombre de remarques concernant ce qui nous semble, à nous, des aspects fort discutables, quoique moins souvent mentionnés, de plusieurs nouvelles religions: par exemple la prétention qu'elles ont de se situer uniquement au niveau de l'expérience, et la confusion que font certains entre religion et divertissement. En terminant, nous proposerons le terme de «matérialisme spirituel» qui, nous l'espérons, aidera le lecteur à être plus attentif au fait que la religion peut trop souvent être non pas une ouverture mais une fermeture de l'être humain sur lui-même.

Narcissisme et engagement social

La plupart des sectes de foi biblique considèrent que ce monde est l'empire de Satan, qu'il faut souhaiter sa destruction et qu'on ne peut que le tolérer (et encore!), jusqu'à ce qu'advienne le «Royaume». Beaucoup de ces groupes croient que la fin des temps est proche (LEPAGE, 1987) et qu'il ne faut pas trop s'occuper de ce temps-ci, voué à la destruction, à l'extermination. Ils recommandent même à leurs adeptes de ne pas faire d'études, de ne pas s'impliquer dans des tâches mondaines, de ne pas voter.

Le bouddhisme, pour sa part, estime que ce monde-ci existe comme phénomène, mais qu'il n'existe pas «vraiment». Dans le bouddhisme mahayana («Grand Véhicule»), qui est le plus important parmi nous, sous sa forme zen ou sous sa forme tibétaine, le bouddhiste se soucie beaucoup de l'autre «être sentant», mais pas tellement de ce monde-ci, qui n'«existe pas vraiment», ou des injustices sociales, facilement vues comme des conséquences karmiques des vies antérieures: il pense plutôt à l'éveil que chacun atteindra vie après vie.

Dans un exposé sur la «compassion», un bouddhiste montréalais donnait comme exemple de celle-ci le fait de donner 25 cents à un «voyou» dans le métro et d'accueillir chez soi un bouddhiste venu d'une autre ville. Il ne lui passait pas par l'esprit que l'on pourrait s'interroger sur le fait qu'il y a des «voyous» dans le métro, qu'il faudrait remettre en question certaines mesures sociales ou qu'on pourrait accueillir chez soi quelque itinérant non-bouddhiste. D'ailleurs le sujet de conversation chez les bouddhistes «avancés», ce n'est pas la paix dans le monde, la faim en Éthiopie, la guerre au Nicaragua. C'est leur «pratique». Après les causeries d'un maître tibétain, il est assez frappant de voir que les questions portant sur le travail, le service, la souffrance, viennent de néophytes. Les «étudiants séniors» posent des questions sur la méditation, la visualisation, c'est-à-dire sur eux-mêmes.

Si l'on excepte des groupes comme les Mormons et les Adventistes du Septième Jour, qui sont très impliqués dans les pays en voie de développement, plusieurs nouvelles religions ne sont pas socialement engagées. Cela est vrai aussi des groupes de développement de la conscience, à l'exception de *est* qui a mis sur pied le «Projet Faim» (dont le but est de changer la perception que les Occidentaux riches ont du problème de la faim) et qui travaille dans les bidonvilles de Los Angeles.

Autant les nouvelles religions prennent soin de leurs membres, leur fournissent un milieu chaud (ce qui fait leur force), autant elles sont souvent étrangères à l'action sociale, à l'engagement politique. Lorsque dans ces groupes on parle de changer les systèmes, d'agir sur les «structures», personne ne semble savoir de quoi l'on parle. Ils estiment, non sans quelque raison, que tout se joue au niveau de la personne: comment œuvrer pour la paix si l'on n'est pas en paix avec soi-même et avec son voisin? Mais cela fait quand même problème et incite à se demander si les nouveaux groupes ne sont pas essentiellement narcissiques, centrés sur l'individu, s'ils ne sont pas essentiellement des petits nids chauds dans lesquels on s'abrite, pour éviter la misère du monde, les injustices sociales, les angoisses de la guerre nucléaire, pour ne pas se salir les mains dans la politique, la législation, les œuvres de bienfaisance concrètes.

Christopher Lasch, dans un livre intitulé *Le Complexe de Narcisse. La nouvelle sensibilité américaine* (1981), prétend que l'*homo americanus* des années 70-80 n'est pas un homme religieux mais essentiellement un être de thérapie, centré sur lui-même, et qui n'utilise la religion que pour son mieux-être personnel. «Assailli par l'anxiété, la dépression, un mécontentement vague et un sentiment de vide intérieur, l'*homme psychologique* du XXe siècle ne cherche vraiment ni son propre développement ni une transcendance spirituelle, mais la paix de l'esprit, dans des conditions de plus en plus défavorables. Ses principaux alliés, dans sa lutte pour atteindre un équilibre personnel, ne sont ni les prêtres, ni les apôtres de l'autonomie, ni des modèles de réussite du type capitaine d'industrie; ce sont les thérapeutes. Il se tourne vers ces derniers dans l'espoir de parvenir à cet équivalent moderne du salut: «la santé mentale». La religion, d'après Lasch, n'a de valeur, pour cet *homo americanus,* que si elle est une thérapie. Il cite les célèbres mémoires de Jerry Rubin (1976), qui, quelques années plus tôt, avait été un artisan de l'action politique et sociale: «Après avoir négligé son corps pendant des années, il se donna la permission d'être en bonne santé et perdit rapidement quinze kilos. Nourritures diététiques, jogging, yoga, saunas, chiropraxie, acupuncture lui donnèrent, à trente-sept ans, l'impression "d'en avoir vingt-cinq". Sur le plan spirituel, ses progrès se révélèrent tout aussi satisfaisants et indolores (...), il apprit à "s'aimer suffisamment lui-même pour n'avoir pas besoin d'un autre pour le rendre heureux". (LASCH, 30)[11].

Psychothérapeute en train d'écrire un texte centré sur la santé mentale, je prends bonne note des remarques de Christopher Lasch. J'y trouve, à vrai dire, beaucoup de vérité, et je pense, en effet, que la religion ne se situe pas uniquement au niveau de la santé mentale. Mais, je dois quand même rester fidèle à mon propos...

Le narcissisme est, comme on sait, l'amour de soi. Le terme vient du merveilleux mythe grec de Narcisse, «jeune homme béotien, célèbre dans la légende pour sa beauté. Épris de sa propre image réflétée dans une fontaine, il se penche sur l'eau et languit de désespoir devant son idole insaisissable» (ROBERT 2, 1300). Narcisse contemplait son image au fond d'un puits, dans lequel, tellement fasciné, il finit par tomber et se noyer. En psychanalyse, nous distinguons un narcissisme de vie et un narcissisme de mort. Pour le dire succintement, il existe un narcissisme, un amour de soi, qui est nécessaire pour vivre. Je m'aime assez pour prendre convenablement soin de moi et pour ne pas me préoccuper sans cesse de moi. Au contraire, le narcissisme pathologique repose, paradoxalement, sur un manque d'amour de soi-même: ne m'aimant pas, je dois constamment attirer tout à moi, faire attention que les autres ne m'envahissent pas, mesurer ce que je donne, parce que j'ai peur de perdre, de me perdre. Dès qu'on parle de «se perdre», on est tout près de la question de la «perte de son âme» et de la question du salut. Plusieurs nouvelles religions estiment que les grandes religions sont des voies de perdition. Dans les «grandes religions», on organise des mouvements de chômeurs, d'ouvriers, on crée des coopératives, on envoie des délégations au Nicaragua, on amasse des fonds pour l'Éthiopie. On semble peu inquiet de savoir si tout cela ne serait pas «vanité et poursuite du vent», et l'on semble oublier qu'il ne sert à rien à l'homme de conquérir le monde, s'il vient à perdre son âme.

Il y a là un problème sérieux: les «grandes religions», en Occident, se sont lancées dans l'action concrète, efficace, dans la libération socio-économique de l'homme. Beaucoup de nouvelles religions, au contraire, cultivent un idéal de sainteté personnelle qui ressemblerait plutôt à l'idéal monastique des Carmes ou des Trappistes. On peut se demander si cet idéal monastique est «narcissique» ou si les moines n'ont pas raison de penser qu'en se sanctifiant et en ne faisant rien de «concret» et d'«efficace», ils ne sont pas en train de sauver le monde. Je pense, en tout cas, pour ma part, que le clergé catholique ou anglican, celui des «grandes religions», gagnerait à s'occuper davantage du salut de l'âme, de vie spirituelle: il serait moins «occupé», moins «excité», il ferait moins de dépresssions et de «burn-out», et peut-être aurait-il plus de charisme. Si les questions économiques et sociales sont importantes, si elles sont le lieu concret et immédiat où se manifeste l'amour de Dieu pour l'être humain, il est bon, comme le font remarquer plusieurs nouvelles religions, de voir que l'homme a une autre dimension que sociale et économique. Narcissiques, les nouvelles religions? Peut-être. Mais je ne suis pas sûr que, même s'il l'est souvent, ce narcissisme soit toujours pathologique. L'action nerveuse, l'activisme, peuvent aussi être pathologiques...

Religion et discours

Une religion est un discours. Elle est ce que je dis sur ce que je vis ou ai vécu. Les bouddhistes aiment dire: «ce que je sais, je ne le dis pas, et ce que je dis, je ne le sais pas».

Admirable phrase, à vrai dire, qui montre bien que, dès que je parle (ce qui est le propre de l'être humain), je ne suis plus dans l'expérience, si ce n'est dans l'expérience de parler. Aussi les religions qui disent n'être qu'expérience nous ennuyent-elles un peu. Dès qu'elles sont dites les expériences deviennent des discours, des philosophies ou des religions et, du coup, ne sont plus l'expérience, mais bien une interprétation, qui, elle, alors, est ou catholique, ou bouddhique, ou pentecôtiste, ou évangélique. La prétention de parler au seul niveau de l'expérience n'est rien d'autre qu'une prétention. Dès que l'on parle on n'est plus dans l'expérience. Les plantes et les animaux font peut-être des expériences dont ils ne parlent jamais. L'être humain fait sans doute aussi beaucoup d'expériences qu'il n'arrive pas à verbaliser. Celles cependant qui sont partagées dans une religion, ce sont justement des expériences qui ont été et qui sont dites, ce sont celles qui ont même été tellement dites par une communauté qu'elles en sont arrivées à avoir une forme littéraire extrêmement raffinée, comme c'est le cas des évangiles et des sutras.

Lorsque l'on croit, on fait une confiance totale en une personne, le Christ par exemple, mais on croit aussi à un discours, à un discours qui exprime la foi d'une communauté, qu'elle soit bouddhiste ou chrétienne, un discours qui pointe vers une expérience que chacun a faite ou est invité à faire. Cette invitation, lancée par les religions, à «faire une expérience» est déjà une interprétation anticipée de ce que vivra le disciple. Cela signifie en clair que, chez un être humain, l'expérience n'existe jamais à l'état pur.

Être mormon ou témoin de Jéhovah, c'est d'abord et avant tout se reconnaître dans le discours des Témoins de Jéhovah ou des Mormons. Or, on semble penser que ce discours n'en est pas un, qu'il est sorti, comme ça, de Dieu, hors du temps et de l'espace. Les fondateurs de religions avaient eux aussi fait des lectures, ils avaient un caractère, ils se trouvaient devant certains problèmes qu'ils essayaient de comprendre et de régler, avec leur culture et leur savoir. Leur prédication, leur discours, c'est le fruit de leurs interrogations, de leurs recherches, et sans doute aussi le fruit de leur expérience, qu'ils ont interprétée d'une certaine façon. Leur prédication n'est pas, comme cela, descendue du ciel. Les fondateurs de religions, qu'ils soient juifs, indiens, américains ou québécois, peuvent être datés. Leur façon, par exemple, de lire la Bible, est une façon XIXe siècle ou XXe siècle, liée à une certaine problématique. Même si l'on croit que Jésus ou le Bouddha sont d'étonnantes percées de l'éternité dans le temps et dans l'espace humains, il n'en reste pas moins que ces percées ne se sont pas faites n'importe où, n'importe comment et n'importe quand.

Les groupes fondamentalistes prétendent lire la Bible hors de l'espace et du temps. Il est vrai que, lorsqu'une parole de Jésus me bouleverse et me convertit, je suis, d'une certaine façon, hors de l'espace et du temps, dans un instant qui est une expression de l'éternité. Mais, au niveau de la parole dite, de la prédication, de la religion, la parole se situe toujours dans le temps: elle est un discours discursif (si l'on veut bien nous pardonner ce pléonasme) qui a lieu dans l'histoire et dans une société: elle est celle d'un Allemand du XVIe siècle, d'un Américain du XIXe siècle, d'une Saguenéenne du XXe siècle, d'un Indien du cinquième siècle avant Jésus-Christ. Elle n'est jamais, à ce niveau de discours, une parole hors-temps.

En fait, les religions qui se réclament de l'expérience seraient plus fidèles à elles-mêmes si elles disaient qu'elles valorisent l'expérience plus que les concepts et les discours, et que ceux-ci sont valables dans le mesure où ils parlent de l'expérience et invitent à l'expérience. Cela serait plus juste que dire qu'elles ne sont qu'expérience. Ce genre de maladresse langagière est fréquent dans les nouvelles religions. Il tient, croyons-nous, au manque de formation des pasteurs et des prédicateurs qui ignorent trop souvent les recherches pourtant importantes faites en linguistique, en philosophie du langage et de la parole, en herméneutique. Il tient aussi au fait que de grandes sagesses récemment introduites en Occident reposent encore sur de mauvaises traductions, sur l'ignorance du sens qu'ont pris certains mots dans la pensée occidentale, et sur l'incompréhension des disciples qui répètent le Maître sans avoir vraiment compris ce qu'il enseigne.

Plusieurs discours religieux souffrent aussi d'erreurs épistémologiques importantes. Dans les religions orientales, par exemple, il existe une distinction importante entre le langage absolu et le langage relatif. Or une affirmation vraie au niveau absolu (comme «la nature de la réalité est le "vide"» ou «Brahman est l'essence de toutes choses») est fausse, ou pour le moins inadéquate et non-pertinente, au niveau relatif. Lorsqu'un Maître bouddhiste dit qu'il connaît la réalité telle qu'elle est, il a raison, car il veut dire qu'il sait que l'essence de tous et chacun des êtres est le «vide». Il s'agit d'un niveau de connaissance mystique, voire supra-mystique. Lorsque son disciple dit connaître la réalité telle qu'elle est et qu'il pense ainsi connaître les phénomènes en tant que phénomènes, il est dans l'erreur: il a indûment transposé une vérité du plan absolu au plan relatif de la connaissance empirique.

D'une façon générale d'ailleurs, je suis souvent étonné de voir que plusieurs adeptes des religions orientales ont gardé un mode de pensée occidental tout en ayant des contenus de pensée orientaux: ils parlent de leur gourou comme un judéo-chrétien parle de Dieu! J'ai aussi remarqué (autre erreur épistémologique) qu'ils comparent le christianisme et le bouddhisme en comparant des éléments isolés à d'autres éléments isolés, sans voir qu'il s'agit de deux ensembles cohérents, qu'on ne peut comparer que comme des ensembles. Cela montre dans quelle confusion est leur esprit, et cela ne va pas sans introduire beaucoup de confusion dans le nôtre...

Le divertissement religieux

La religion a joué un rôle important dans le divertissement de l'homme. Rappelons simplement le fait que le théâtre est né en Occident sur les parvis des cathédrales et que déjà, avant même le théâtre, les célébrations liturgiques, les vitraux, étaient les divertissements de l'homme illettré, notre ancêtre, du haut Moyen-Âge. Au Québec, les processions de la Fête-Dieu, de la fête du Sacré-Cœur, la fête de la bonne Sainte-Anne, en pleine saison estivale, jouèrent encore ce rôle de pieux divertissement. Benoît Lacroix a admirablement décrit le merveilleux dans la religion rurale québécoise (1986; voir aussi LAPERRIERE, 1984). La décision de l'Église catholique de devenir plus discrète mit subitement fin à ces divertissements, au début des années 60. Finies les soutanes et les capes, finis les processions et les grands rassemblements, qu'on réserve maintenant aux seules visites du Pape.

Plusieurs ont la nostalgie de cette religion populaire divertissante, et d'autres, bien sûr, ont pris la relève et se chargent de divertir ceux qui en sentent le besoin. À la Télé, par exemple, on peut voir, présentés dans un contexte de «nouvelles religions» et surtout d'ésotérisme, des «experts» des ondes alpha, de la réincarnation, du saint Suaire de Turin, de la Méditation Transcendentale. D'une façon plus générale, maintenant que la liturgie est sobre et la religion moins avide de merveilleux, plusieurs sont fascinés par la télépathie, la télékinésie, les rêves prémonitoires, les guérisons, etc. Que tous ces phénomènes hors de l'ordinaire fascinent et divertissent, cela est certain. Je regrette seulement que l'on prenne ces phénomènes pour des phénomènes religieux. Ils ne le sont pas: on les appelle plus justement «phénomènes psi». S'ils sont d'apparence religieuse, c'est qu'ils sont encore mal connus et mal expliqués par les sciences toutes récentes qui les étudient systématiquement, et, injustement, on associe l'inconnu au religieux. Que certains saints et certains Maîtres possèdent de grands pouvoirs «psi», cela est certain, mais il n'y a pas de lien obligé entre ces pouvoirs et la sainteté. Il n'y a pas non plus de lien nécessaire entre ces pouvoirs et le salut, qui est le but et l'objet de la religion.

Le matérialisme spirituel

Dans son livre, *Pratique de la Voie Tibétaine. Au-delà du matérialisme spirituel* (1973), le Maître tibétain Chögyam Trungpa a élaboré le concept fort intéressant de «matérialisme spirituel». Ce terme est la traduction de «adharma dharma». Le dharma, ce sont les enseignements bouddhiques. L'«adharma dharma» signifie en somme «le dharma non-dharmique», «les enseignements qui ne sont pas des enseignements», le *a* de adharma étant privatif. Nous pourrions transposer en parlant d'«Évangile non-évangélique» ou, plus largement de «religion non-religieuse». Ce terme désigne bien, je crois, un certain nombre d'attitudes de plusieurs adeptes des nouvelles religions. «Le problème, dit Chögyam Trungpa, est que l'ego peut tout convertir à son propre usage, même la spiritualité. L'ego tente constamment d'acquérir et d'appliquer les enseignements spirituels à son propre bénéfice» (1973: 21). La religion, en effet, peut très facilement être utilisée pour posséder plus de pouvoir, plus de connaissances, pour se valoriser aux yeux des autres, pour dominer, pour se démarquer du commun des mortels.

Or, il est important de rappeler que les grandes traditions religieuses s'entendent toutes sur un point: amener l'homme à se dépouiller, à se purifier, à renoncer, à «perdre sa vie». Le Christ, dans son agonie et sa mort, n'avait ni beaucoup de «pouvoirs» ni beaucoup de «connaissances»: il se disposait, en perdant tout, à rencontrer son Père et à réintégrer sa condition divine. Il est l'exemple suprême de cette attitude spirituelle, à côté de laquelle on passe totalement lorsque l'on insiste sur les phénomènes psi de la religion, sur les pouvoirs de vision, de divination, d'influence, sur la connaissance des vies antérieures ou des vies futures. Au lieu de cheminer petit à petit vers le dépouillement total qui laisse apparaître ce qu'il y a de plus pur et de plus profond en l'homme, sa «nature divine», on *accumule*, on se valorise, on se centre sur soi. On est dans l'adharma dharma et pas du tout dans une démarche spirituelle authentique: les pouvoirs des saints et des Maîtres, pouvoir de guérir ou de prédire, pouvoir de marcher sur les eaux ou sur le feu, leur sont donnés par surcroît et leur démarche spirituelle ne consiste pas du tout à les désirer ou à les cultiver.

Même l'«acquisition» de la vertu peut s'inscrire dans ce «matérialisme spirituel»: on peut en effet accumuler les vertus comme des possessions dont on fait le bilan au cours des examens de conscience. La pensée substantialiste de la scolastique a laissé croire que les vertus étaient comme des pierres que l'on empile l'une par-dessus l'autre pour «se construire» un être spirituel. En fait, la vertu n'est pas une possession mais le mode d'être et d'agir de quelqu'un qui se dépouille de plus en plus de lui-même, qui ne cherche plus la possession, l'excellence personnelle, la domination, et qui, de plus en plus, ne vit que dans la transparence de l'Absolu, pour le bénéfice des autres. De même en est-il d'ailleurs de «la vérité»: si on la «possède» pour se valoriser, dominer et écraser les autres, plutôt que de la chercher toujours et de la recevoir parfois, on met «la vérité», si noble soit-elle, au service du moi, on est dans le «matérialisme spirituel». Celui-ci n'est pas l'apanage des seules nouvelles religions, mais on doit admettre que le fanatisme des religions obsessionnelles, la recherche de merveilleux des religieux hystériques, sont souvent des manifestations inquiétantes de cette attitude d'esprit.

8

De retour à la clinique

Après avoir écouté ce que les adeptes et les dévôts des nouvelles religions disent d'eux-mêmes, nous nous sommes demandé avec le Rapport HILL s'il ne fallait pas considérer que les nouveaux groupes religieux et les groupes de développement ou de croissance sont nocifs et dangereux pour la santé mentale. Ensuite, nous avons fait de la «psychanalyse appliquée»: nous avons utilisé des catégories psychanalytiques pour trouver le type psychologique des principaux groupes dont nous parlons ici: groupes religieux et groupes de croissance ou de développement mental. Puis, nous avons présenté des réflexions plus théoriques sur quelques points où santé mentale et religion se rencontrent. Nous allons maintenant, dans ce dernier chapitre, revenir à notre préoccupation clinique de départ, pour, en quelque sorte, boucler la boucle de notre démarche. Nous allons nous situer au niveau qui est celui du clinicien, du thérapeute, qui reçoit en consultation quelqu'un qui s'interroge sur son intérêt pour un nouveau groupe, qui pense y adhérer ou en sortir et qui demande: «qu'en pensez-vous?», «que me conseillez-vous?».

Comme nous l'avons dit dans l'introduction, le seul point de vue que le professionnel peut alors adopter est celui de la santé mentale de la personne qui consulte. La question est donc: «ce groupe, dans le mesure où je le connais, contribue-t-il à la santé de cette personne ou, au contraire, celle-ci risque-t-elle de s'enfoncer ou s'est-elle enfoncée plus avant dans ses problèmes»?

Nous rappelions, en parlant des lamas tibétains, que le concept de santé mentale est relatif: la santé mentale est différente dans sa forme concrète selon que l'on est une femme arabe, un Indien du Penjab, un Indien des Andes ou un citadin de Manhattan. Il y a cependant des traits communs que nous pouvons dégager, même chez des humains aussi différents. Pour la très grande majorité des psychologues, la santé mentale de l'adulte est cette qualité grâce à laquelle un être humain est lui-même (il a une identité raciale, sexuelle, linguistique, nationale, il sait ce qu'il aime ou n'aime pas, il connaît ses capacités et ses limites). Il est satisfait, capable de composer avec la réalité quotidienne, capable de s'adapter aux circonstances, d'être créateur et inventif, curieux du monde qui l'entoure, accueillant envers les autres, porté à donner et disposé à recevoir, et inscrit dans une culture qui donne un sens, parfois ultime, à ses paroles, à ses gestes et à ses actions. La santé mentale implique donc une intégration de la satisfaction et du renoncement, de l'affirmation de soi et de l'ouverture à l'autre, de l'adaptation et de la création, de l'accueil et du don.

C'est avec cet idéal en tête que nous pouvons voir si telle ou telle religion contribue ou non à la santé d'une personne. La réponse à cette question ne peut être qu'individuelle, compte tenus et du groupe religieux et de la personne concernés.

Déjà, en disant cela, nous émettons un premier principe: les nouveaux groupes ne sont pas à rejeter en bloc et a priori. Certains, plusieurs même, peuvent convenir tout à fait à certaines personnes, leur être très utiles dans leur cheminement humain et spirituel.

Ce principe en implique sans doute un autre, à savoir qu'il n'est pas nécessaire d'être parfaitement sain mentalement pour faire une démarche religieuse et spirituelle. Là-dessus, je crois que les «grandes religions» se sont fourvoyées. Sensibles aux critiques modernes laissant croire que la religion était pathologique, plusieurs grandes religions se sont mises à passer au peigne fin la santé mentale de leurs pasteurs et de leurs fidèles. Plusieurs pasteurs ont commencé, dans les années 40, au Québec, à envoyer systématiquement chez le psychiatre des fidèles qui leur paraissaient présenter des problèmes psychologiques, comme si la foi et la pratique religieuse n'avaient aucune valeur thérapeutique et ne convenaient qu'à ceux qui sont déjà en bonne santé.

Dans cette voie, être d'une grande religion c'est être en santé, n'avoir ni névrose ni traits psychotiques. Ne serait-ce pas du pharisaïsme à la sauce XXe siècle? Nous, nous sommes sains; les adeptes des nouveaux groupes, eux, sont malades. Ne pourrait-on pas penser, au contraire, que, si les aveugles voient et les boiteux marchent, il serait normal que, grâce à la bonne nouvelle, les névrosés et les psychotiques soient guéris?

Il est certain que l'une des caractéristiques des membres des «grandes» religions est d'être adaptés. Ils sont professionnels, techniciens, ouvriers, chômeurs même. Mais ils ne contestent pas radicalement leur Église. Aussi contestataires soient-ils, ils se sentent à l'aise dans une Église prestigieuse, influente, critiquée certes mais universellement respectée, comme l'Église catholique, l'Église anglicane, l'Église luthérienne, l'Église réformée de France ou du canton de Vaud, l'Église presbytérienne, l'Église méthodiste ou l'Église Unie du Canada. Tout le monde, à ce qu'il semble, est, dans ces Églises, sain de corps et d'esprit. On y respecte, dans le cas des Églises protestantes, les règles du jeu démocratique. Dans l'Église catholique, on pense qu'on a ou aura bientôt le droit de contester. On peut critiquer, avoir son opinion sur certaines questions, ne pas suivre la morale officielle de ces Églises, et pourtant y appartenir quand même: ces Églises sont modernes.

On peut cependant ajouter que, de l'avis des adeptes des nouveaux groupes, la plupart des membres de ces religions ont peu de ferveur, les pasteurs et les prêtres n'ont pas de charisme, les assemblées sont froides. Les membres des «grandes» religions sont des gens «adaptés». Il n'est cependant pas certain qu'ils possèdent d'autres traits de la santé mentale qui sont la créativité, l'accueil de l'autre, la chaleur humaine. Et, surtout, leur reproche-t-on, ils ont l'art du compromis. Tout ce qu'il y a de radical dans l'évangile est mis sous le boisseau: on est diplomate, on tolère les manigances politiques, les intérêts financiers, les caprices et les modes de l'opinion publique. Qu'il y ait une certaine santé dans tout cela, c'est certain. Mais c'est surtout la santé de l'adaptation, du compromis avec la «réalité», la santé de la sécurité que donnent ces Églises qui ont «fait leurs preuves» et qui offrent un très faible coefficient de risque.

On pourrait sans doute dire que les adeptes des nouvelles religions sont des gens qui n'aiment pas appartenir à ces grands corps religieux anonymes, qui n'aiment pas la collusion et le compromis avec les pouvoirs économiques et politiques, qui donnent plus d'importance à la chaleur des relations qu'à la reconnaissance et au prestige sociaux. De la phrase du Christ qui dit «Vous êtes dans le monde, mais vous n'êtes pas du monde», ils préfèrent insister sur la seconde partie et ils estiment que les «grandes religions» s'en tiennent trop à la première partie. S'ils sont moins adaptés, les dévôts et les adeptes des nouvelles religions sont peut-être, par contre, plus sincères, plus vrais, plus engagés, plus audacieux, ils sont davantage capables de prendre le risque de leur foi, et, tout compte fait, leur santé mentale vaut sans doute, très souvent, celle des membres des grandes religions traditionnelles. C'est dire qu'à priori les nouvelles religions ne sont pas nécessairement moins saines que les grandes religions traditionnelles. Encore une fois, le problème qui se pose, dans la pratique clinique, est de savoir si tel ou tel groupe religieux convient à telle ou telle personne.

Les groupes sataniques, qui sont, comme nous l'avons dit, pervers, sont totalement à déconseiller. Si l'on y trouve pendant quelques heures un intense plaisir, ce plaisir va révéler, tôt ou tard, sa vraie nature: une attraction vers la psychose et la mort.

Les chefs «spirituels» paranoïaques ou maniaques sont également à éviter. La «synthèse» qu'ils disent avoir réalisée entre la science et la religion, la persécution dont ils se disent victimes, l'intensité excessive de leur comportement, sont autant de signes de leur folie, et il est dangereux de les fréquenter, ne serait-ce que «pour voir». Ces gens sont puissants et il n'est pas difficile de se laisser subjuguer par leur pouvoir patholoqique qui, lui aussi, ne peut mener qu'à la folie et à la mort.

Il est plus difficile de voir comment il faut agir avec des chefs spirituels qui semblent doux, gentils, et qui prétendent accepter avec résignation les persécutions dont ils sont l'objet, citant à leur défense de nombreux textes bibliques qui leur permettent de s'identifier au prophète persécuté, voire au Serviteur souffrant. Je suggérerais de voir s'ils sont capables d'humour à propos d'eux-mêmes. Je ne parle pas de cet humour destructeur qui ridiculise ou dévalorise tout et qui est plutôt du cynisme, de l'ironie agressive et nihiliste. Je pense plutôt à l'humour qui voit la relativité des choses. En christianisme, le drame de la mort et de la vie a été consommé en Jésus, qui a, *une fois pour toutes*, sauvé le monde. Si on peut s'associer à ses souffrances, on n'a pas à répéter ce qu'il a accompli. Aussi ceux et celles qui se voient en train de sauver le monde, comme le Christ l'a fait, se prennent-ils un peu trop au sérieux et manquent d'humour, sur eux-mêmes, sur leur mission. S'ils ne savent pas prendre la mesure de leur finitude et pensent que le salut du monde repose sur leurs épaules, ils ont de fortes chances d'être de faux prophètes.

Sur bien des points, on ne peut qu'être d'accord avec les groupes de foi biblique. Un jeune Témoin de Jéhovah de vingt-deux ans me disait qu'il ne pouvait accepter que ses copains qui se disent chrétiens «couchent» à gauche et à droite. «Moi, disait-il, je sais où je m'en vais». Il a raison. Bien des chrétiens des «grandes» religions en prennent à leur aise avec la morale, la pratique. Ils n'ont aucune discipline spirituelle ou morale et ils se disent chrétiens. Cela, les groupes «obsessionnels» ont raison, n'est pas sérieux. On ne peut être chrétien, être dans une voie spirituelle, sans une certaine discipline qui fait en sorte qu'on ne fait pas n'importe quoi, en se disant que «tout le monde le fait» et que cela sera pardonné au moment de son mariage ou sur son lit de mort.

Le souci qu'ont les groupes de foi biblique d'obéir à la loi divine est, en lui-même, admirable. Il rejoint la grande tradition juive qui se soucie constamment de la Loi du Seigneur. Là où, cependant, on peut être en désaccord, c'est dans la condamnation de ceux qui ne partagent pas la même loi ou les mêmes convictions. Israël a toujours été là-dessus très pondéré et a toujours accueilli avec bienveillance les «étrangers», les «païens», estimant, notamment chez les Sages, Jonas par exemple, qu'ils avaient aussi droit à la miséricorde du Très-Haut, même s'ils ne connaissaient pas sa Loi et ne s'y conformaient pas.

Il y a des personnes qui ont besoin de structures extérieures, de «lois» précises. Pour ces personnes, les groupes de foi biblique sont *bons*. Ils leur procurent la sécurité qu'ils recherchent et à laquelle ils ont droit. Pour que leur démarche soit tout à fait saine, il est cependant très important que ces structures rigides ne deviennent pas des façons de se couper du reste de l'humanité, qui n'a peut-être pas une conscience aussi aiguë de la Loi du Seigneur mais qui n'est pas, pour autant, de mauvaise foi. Il est important aussi que cette démarche ne mette pas Dieu «en boîte»: «je connais son Nom et donc j'ai tout pouvoir sur Lui». Les Témoins de Jéhovah, par exemple, n'arrivent pas à comprendre que si certaines traditions bibliques ont tu le nom de Dieu, c'est pour respecter sa transcendance et le fait qu'Il soit innommable, insaisissable. Ces groupes de foi biblique essaient trop souvent de mettre le grapin sur Dieu, en le nommant, en prétendant savoir avec exactitude ce qu'Il dit et ce qu'Il attend de l'homme, en prétendant savoir quand et où Il reviendra pour la fin des temps.

Si je crois que certaines personnes, inquiètes, obsessionnelles, scrupuleuses, ont besoin de groupes de type obsessionnel, je pense aussi qu'elles doivent, si elles ne veulent pas rester figées dans leur obsessionnalité, s'ouvrir peu à peu au fait que Dieu ne se met pas en boîte, qu'Il est un espace où «on ne connaît ni le jour ni l'heure», où «les premiers seront les derniers» et où personne n'a à juger son frère. Avec les membres des sectes de foi biblique, il faut, au niveau de la clinique, les amener à créer un l'espace où la liberté, la générosité, la gratuité de Dieu peuvent se manifester, et où ceux qui, quoique de bonne volonté, ne pensent pas comme eux, peuvent avoir le droit d'exister.

Avec les adeptes des groupes gnostiques, ésotériques, orientaux, ceux que nous avons classés dans le type «hystérique», l'intervention est plus délicate et plus subtile. Ils sont en effet ouverts, œcuméniques, à la mode. Si on ne croit ni aux vies antérieures ni à l'avènement de la «race» supérieure ni à la conscience galactique ou cosmique», on est vieux jeu. Ce que personne n'aime être. La retombée clinique avec les membres ou les ex-membres de ces groupes est la déception. Comme, en effet, ces groupes promettent souvent la «transformation» instantanée, ce sont les thérapeutes qui reçoivent ceux chez qui cet instantané n'a pas marché.

Je noterai le cas fréquent de ceux qui se sont emparés d'un des slogans que les groupes de développement mental distribuent avec générosité. Ayant pigé dans ces slogans ce qui fait leur affaire, beaucoup de participants de ces groupes se retrouvent dans un état de culpabilité ou d'échec très grand. Ayant croisé un homme qui lui plaisait, une femme se dit un des slogans de son groupe: «Ayez tout ce que vous voulez», et elle a une liaison avec l'homme de sa passion, qui, quelques mois plus tard, retourne vers sa femme et laisse meurtrie celle qui voulait avoir tout ce qu'elle voulait, en ayant oublié l'autre slogan du groupe qui est «Soyez responsable de vos actes et assumez-en les conséquences».

Les groupes de type hystérique, notamment les groupes ésotériques, ont besoin de découvrir «le divin» dans des manifestations nombreuses: télékinésie, télépathie, divination, transes. Ils prennent la relève des chrétiens de l'âge baroque qui avaient besoin que Dieu se manifeste avec une multitude d'angelots, de saints, de madones, avec le tonnerre et les éclairs, dans l'extase et la transe. Cela peut être une démarche légitime, qui correspond à certains tempéraments et à certains besoins. Cette démarche, dominée par l'abondance des signes, a cependant besoin de s'asseoir parfois tranquillement, et de voir que Dieu n'est rien de tout cela: les phénomènes psi ne sont pas des phénomènes spirituels. S'ils permettent à certains de faire une entrée dans le mystérieux, dans l'au-delà du rationnel, ils peuvent aussi devenir des obstacles au mystère. À cet égard, le bouddhisme tantrique, chinois et tibétain, a trouvé un équilibre remarquable: il suscite le foisonnement des images, des visualisations, des déités, des «formes», pour ensuite inciter à voir que tout cela est «vide». En termes chrétiens, il serait souhaitable que ceux qui ont besoin de tout ce mystérieux voient aussi, à certains moments, que ce mystérieux est «vide» et que Dieu est au-delà du «psychique». En fait, il importe de voir que la religion est affaire de mystère, de surnaturel et de salut, un salut qu'aucun phénomène psychique ne procurera jamais. Les religions de type hystérique prennent aussi la relève de tout un aspect du catholicisme québécois: l'aspect du merveilleux de la religion populaire au Québec, dont Benoit Lacroix a si bellement parlé dans ses études sur «la religion de mon père» (1986). Chaque événement était un signe, chaque fête de saint était une indication sur ce qu'il fallait faire ou ne pas faire, l'évangile du dimanche était interprété en termes de vie familiale ou de récoltes. Le «sacré» était, en quelque sorte, partout, comme il l'est dans les religions orientales et les religions ésotériques.

Il y a là un problème qui est sérieux et qui nous laisse perplexe: la désacralisation dont se réclame maintenant la religion occidentale est-elle une libération ou une profanation? À voir la façon dont on pollue les rues, les villes et l'atmosphère, on peut se demander s'il n'est pas plus sain de considérer l'univers comme «sacré», comme une manifestation «divine», qu'il vaut mieux ne pas toucher ou qu'il ne faut toucher qu'avec mille précautions. Quand on voit la prostitution juvénile, les femmes et les enfants battus, on se demande s'il ne vaudrait pas mieux considérer les choses et les êtres comme «sacrés» plutôt que comme des choses et des êtres qui n'ont aucunes harmoniques (ils sont «profanes») et qui n'ont d'autre dimension que celle de leur utilité, de leur valeur marchande et de leur composition chimique.

J'ai rencontré dans les groupes hindous et bouddhistes occidentaux beaucoup de «folie» et aussi beaucoup de guérisons psychologiques. Dans ces groupes, plusieurs sont, selon nos critères occidentaux, «fous». Ils sont accablés par la mort, ils sont incapables de relations «ordinaires», incapables de dialogue. La fascination qu'ils éprouvent envers leur Maître ne leur permet plus de penser par eux-mêmes ou d'être critiques: «de quel droit, disent-ils, pourrais-je me permettre de critiquer?». Plusieurs ont une pensée labile, floue, n'arrivent pas à formuler un concept, à définir un mot avec précision, parce qu'ils ne croient plus qu'en la pensée non-discursive et se méfient du discours cohérent et structuré, qui, estiment-ils, est trop loin de l'«expérience» indicible.

Il n'est cependant pas évident que l'hindouisme ou le bouddhisme les ait rendus ainsi. Ils étaient auparavant des gens sans racines, sans filiation, sans structures, ils avaient parfois un «passé psychiatrique» ou, pour le moins, se sentaient totalement étrangers dans la culture de leur enfance. Il est admirable de voir à quel point la méditation et la dévotion au gourou réussissent à «restructurer», si l'on peut dire, ce genre de personnes. La méditation, en effet, est un cadre où l'on peut se permettre d'avoir les pensées les plus folles, sans y attacher trop d'importance, sans les prendre au sérieux, puisque ce ne sont que des «pensées». Le gourou, par ailleurs, permet à ces personnes d'avoir un point de repère solide, permanent (il incarne une lignée de plusieurs centaines d'années), qui leur permet aussi de ne pas se laisser emporter par leurs «pensées» passagères (très souvent «folles») auxquelles elles n'attribuent plus grande importance.

Un peu plus haut, nous énoncions deux principes: les nouvelles religions et les nouveaux groupes de croissance ou de développement de la conscience ne sont pas à rejeter à priori; il n'est pas nécessaire d'être en pleine santé pour faire une démarche religieuse, justement parce que celle-ci peut contribuer à donner ou à redonner la santé mentale. Nous ajouterons maintenant un troisième principe: «la religion est faite pour l'homme et non l'homme pour la religion». Nous voulons dire par là que la religion qui est bonne pour quelqu'un est celle qui lui permet de se sentir mieux, plus heureux, de s'ouvrir aux autres, de trouver du sens à sa vie et à sa mort et, en dernière analyse, de trouver l'Absolu, de se départir de lui-même pour s'ouvrir, ne serait-ce qu'un tout petit peu, aux autres. Que cette religion soit «obsessionnelle» ou «hystérique», il est important de le savoir pour en éviter les pièges et pour ne pas s'y laisser enfermer. Mais, à la limite, cela n'a qu'une importance toute secondaire, si cette religion fait du bien, non seulement à court terme, mais aussi à moyen et à long terme, et si l'on estime qu'elle sera un bon héritage à laisser à ses enfants, pour qu'eux-mêmes ne vivent ni ne meurent sous l'empire de la loi ou sous l'emprise de la chair.

Ce principe, selon lequel la religion est faite pour l'homme et non l'homme pour la religion est en fait aussi vieux que le christianisme et peut-être exprime-t-il l'essence même de cette religion qui depuis toujours dit que la loi est faite pour l'homme et non l'homme pour la loi. Cependant ce principe ne vaut, dans notre contexte, que si la religion est une pédagogie. Dans les sociétés traditionnelles, qui existent encore aujourd'hui, en Irlande et en Iran par exemple, la religion est publique, elle fait partie de l'identié des citoyens. Dans une société comme la nôtre, la religion est privée et elle est ne fait pas partie de l'identité collective. Ayant perdu son rôle dans l'identité sociale, la religion fait partie, comme nous l'avons montré, de l'identité profonde de l'individu. Or, à ce niveau, ce qui compte vraiment c'est qu'un être humain soit en relation avec l'Absolu et qu'il ait à l'égard du monde une attitude qui ressemble le plus possible à celle de cet Absolu et qui soit faite essentiellement d'amour et de compassion.

Cela, comme chacun sait, n'est pas facile, et c'est devenu le rôle fondamental des religions d'aider l'être humain à progresser sans cesse dans la qualité de cette relation et de cette attitude. Aussi, les religions qui, au lieu d'être des pédagogies deviennent des écoles dont on ne peut sortir et qui se prennent pour l'Absolu, sont-elles, de ce point de vue, dangereuses.

La mort et la vie, c'est cela en somme l'objet de la thérapie et de la religion. Ça n'est pas d'avoir raison contre x ou y, ça n'est pas de faire comme tout le monde et donc, de ce fait, de se sentir O.K. Ça n'est pas d'être partie prenante dans une expérience peu commune, voire «*flyée*». C'est d'agir, de se sentir, et, dans la mesure du possible, d'être, en accord avec la vie. Aussi bien le Christ que le Bouddha ont affirmé, dans des registres différents, qu'ils sont venus apporter la vie et non la mort. On a pris la vie pour la richesse matérielle, pour la liberté sexuelle, pour la révolution politique, pour le «comme tout le monde», le «normal», la réussite professionnelle, le devoir, pour le titre de ministre, de docteur, pour la rencontre avec des extra-terrestres. Avec toutes ces «vies», on fait un infarctus à quarante-cinq ans ou l'on meurt désespéré à quatre-vingts ans. Signes que l'on était plutôt dans la mort que dans la vie. Dans l'illusion plutôt que dans la vérité.

Il est, bien sûr, toujours difficle de savoir si nos options vont dans le sens de la vie ou si elles mènent à la mort. Il n'existe cependant pas d'autre critère. Si une religion ou un groupe de développement me coupe des autres, s'ils m'incitent à m'isoler, à affronter plutôt qu'à communier, s'ils m'incitent à penser que je suis mauvais plutôt que foncièrement bon et donc à me culpabiliser dans la solitude (hors d'une relation amoureuse), s'ils me font croire que je suis dans l'unique vérité et les autres dans l'erreur coupable, si une religion ou un groupe m'amène à croire que seuls les *«miracles»* rendent la vie supportable, tant celle-ci est irrationnelle et absurde, alors je peux m'interroger sur la qualité de ce groupe ou de cette religion. Ceux-ci se jugent essentiellement sur l'ouverture à l'autre qu'ils procurent, sur la paix avec soi-même, nécessairement accompagnée de tolérance, de patience, de douceur envers soi-même et les autres. Douceur et patience envers l'histoire aussi, qui ne va peut-être pas donner naissance demain à l'homme nouveau, à la «nouvelle race». Tout le reste, quand il comporte intolérance, impatience, dureté, violence, est suspect et probablement malsain.

Tout le monde n'a pas raison et il y a des gens qui malheureusement errent et se trompent, entraînant parfois avec eux des centaines et des milliers de disciples bien intentionnés. Cependant cette recherche de la vérité est une *recherche* qui ne permet pas de déclarer abruptement et surtout agressivement à l'autre qu'il est dans l'erreur. Ce n'est toujours qu'avec la plus grande compassion et le plus grand respect que l'on peut, pour lui rendre service, dire à quelqu'un qu'on le croit dans l'erreur. Aussi le fanatisme de plusieurs nouvelles religions, qui clament haut et fort qu'elles sont détentrices de la seule et unique vérité, comme le faisait le catholicisme d'il y a cinquante ans, nous semble-t-il aberrant et, à vrai dire, contraire à la religion. La religion, en effet, a pour fonction de rassembler les humains, de dépasser les frontières, en rejoignant ce qui est au-delà des différences. Une religion qui se complaît dans le culte de la différence (de croyance), pour faire de celle-ci une arme de combat, est une aberration pure et simple. Je crois, par contre, que la religion peut devenir un soutien à la différence, raciale, sexuelle, linguistique, dans la mesure où, sans agressivité, elle prend le parti, non de la loi, non de l'habitude, non des préjugés, mais de l'être humain, unique au monde, impermanent comme une fleur, à qui, justement parce qu'il est fragile et impermanent, on peut oser dire à certains moments et à certains égards, qu'on estime qu'il est dans l'erreur, ou, en tout cas, et plus fondamentalement, que les principes qui mènent sa vie le conduisent, lui, les siens, et éventuellement ses disciples, à la mort plutôt qu'à la vie.

Même si l'humanité est jeune (à peine deux millions d'années), nous pouvons, en cette fin de millénaire, profiter de la sagesse accumulée par nos ancêtres d'Occident et d'Orient. Dans la civilisation où nous vivons, la civilisation de l'information, il n'est plus possible de s'isoler et de faire comme si, tout seuls, nous avions découvert le Pérou. Aussi, nous semble-t-il que l'homme religieux d'aujourd'hui ne peut être qu'en dialogue, non pas de cette caricature de dialogue qui dit que tout le monde a raison, et moi aussi. Mais de ce dialogue qui, cherchant la vérité, écoute ceux qui aussi la cherchent et en trouvent de ci de là des bribes ou des aspects, toujours relatifs certes, mais néanmoins vrais. Paul Ricœur aime parler des potentiels inexplorés de l'être humain, de notre civilisation, de notre héritage religieux. Ce sont ces potentiels inexplorés que le dialogue peut nous faire découvrir. Nous sommes, que nous le voulions ou non, des Occidentaux de la fin du XXe siècle. À ce titre, nous sommes les héritiers d'une pensée critique, qui, depuis Descartes et Newton, et surtout depuis Nietzsche, Marx et Freud, ne peut sainement accepter d'être naïve: nous faisons partie de l'ère du «soupçon».

Ce soupçon systématique en a conduit plus d'un à l'athéisme, au cynisme, au nihilisme. Ce livre croit avoir montré qu'il est possible de croire, d'être un homme religieux, avec le soupçon et au-delà du soupçon, d'être un croyant qui ne se laisse pas obnubiler, qui ne vit pas que d'emballements pressés et de vérités simplettes, qui sait ce qu'en croyant il fait; qui a, en somme, l'intelligence de sa foi. Le manque d'intelligence dans la foi, la «naïveté», les emballements irrationnels, ne mènent, on le sait maintenant, nulle part, ou alors, ils mènent à Dachau, à Buchenwald, ou en Guyanne. Une appartenance religieuse non-critique n'est plus crédible aujourd'hui. Ni vous ni moi ne sommes des maçons de Chartres ou d'Amiens, ni vous ni moi ne sommes des montagnards tibétains, des paysans allemands, anglais ou américains du XIXe siècle. Eux, du moins le pensons-nous, avaient le loisir d'être naïfs.

La religion qui nous est possible aujourd'hui ne peut être que celle de maintenant: celle d'un âge de science et de communication, celle d'occidentaux du XXe siècle, enracinés dans une tradition, critiques et conscients de ce que, sociologiquement, psychologiquement et philosophiquement, une adhésion religieuse signifie. Critique, porteur de soupçon, l'homme religieux sain ne peut aujourd'hui qu'être ouvert, grâce aux moyens de communication, aux trésors de sagesse, aux voies vers le Transcendant, que lui proposent l'univers entier et deux millions d'années d'expérience de la difficulté et de la grandeur liées au fait d'être un animal intelligent.

Notes

1. On pourra mieux situer notre démarche en consultant un article paru récemment dans la revue *Communauté Chrétienne:* Société Psy, Psychanalyse et Bouddhisme (1988).

2. Le lecteur qui n'est pas familier avec le phénomène des nouvelles religions peut se reporter à l'ouvrage de Richard Bergeron, *Le Cortège des Fous de Dieu* (1982), qui propose une typologie dont le grand mérite est d'être simple, et qui donne des informations de base sur la plupart des groupes religieux auxquels nous pensons en écrivant ce texte.

3. L'Institut Esalen, en Californie, est l'un des premiers et des plus célèbres centres de «croissance», où ont fleuri les «groupes de rencontre».

4. Cette remarque vaut pour l'ensemble de notre texte: lorsque nous parlerons d'hystérie, de schizophrénie ou de paranoïa, il sera bon de se rappeler que certaines personnes ont un caractère hystérique sans être des hystériques au sens névrotique du terme et que certains ont des traits paranoïdes sans être des paranoïaques.

5. Roland Chagnon a étudié en profondeur plusieurs religions dont il sera question dans ce chapitre. On pourra voir notamment *Les Charismatiques au Québec* (1979), *La Scientologie: une nouvelle religion de la puissance* (1985), et *Trois nouvelles religions de la lumière et du son* (1985).

6. On peut voir, par exemple, l'article de Madeleine Gauthier, La «science cosmique» est-elle une science ou une religion? *SR Studies in Religion/Sciences Religieuses,* vol. 15, nº 1, 1986, p. 29-42. L'auteur montre qu'il ne s'agit ni d'une science ni d'une religion.

7. Fernand Dumont, dans sa sagesse, nous rappelle que la «culture» est toujours en crise (1987).

8. On pourra lire là-dessus le témoignage d'une bouddhiste américaine, Sally Clay (1987). Après que les psychiatres n'eurent donné aucune importance à la dimension religieuse de ses délires, cette «psychotique» a été «guérie» par la méditation et une vie spirituelle bouddhiques. Jacques Gagné, de l'Université Saint-Paul, poursuit depuis plusieurs années des recherches sur la «guérison spirituelle» (1987) qui nous incitent au moins à poser sainement le problème des effets possibles de la spiritualité sur la guérison des troubles ou des malaises psychiques.

9. Un psychanalyste iranien déclarait récemment à l'émission *Dialogue*, au Réseau français de Radio-Canada, que c'est également le cas de l'Ayatollah Khomeiny.

10. On peut voir le livre, assez cynique à vrai dire, de Paul Watzlawick, *Faites vous-même votre malheur,* Seuil, 1984, qui montre, tout à fait dans les sens des groupes de développement de la conscience, que notre malheur n'est

pas toujours attribuable à «la condition humaine» et que, avec une bonne santé mentale, on peut être moins malheureux. Mais, ce à quoi répond la religion ce n'est pas nécessairement au malheur, mais à la souffrance, qui n'épargne pas les gens heureux.

11. Voir les études consacrées à cet auteur dans *Communauté Chrétienne*, nº 162, novembre-décembre 1988.

Bibliographie

BERGERON, Richard, *Le cortège des fous de Dieu. Un chrétien scrute les nouvelles religions,* Éditions Paulines, Montréal, 1982.

— *Deux Voies Spirituelles Absolues*, *Médium*, Montréal, n°s 28-29, Automne 1987, p. 13-17.

— *Les fondamentalistes et la Bible*, Fides, coll. Rencontres d'aujourd'hui, 1987.

BLOOM, Allan, *L'âme désarmée. Essai sur le déclin de la culture générale,* Guérin Littérature, 1987.

BONZON, Sylvie, Dialogue, récit, récit de dialogue. Les discours du Phédon, dans *Études de Lettres,* Université de Lausanne, Suisse, 1986, p. 5-24.

CHAGNON, Roland, *Les charismatiques au Québec*, Québec/Amérique, 1979.

— *La Scientologie: une nouvelle religion de la puissance,* Hurtubise HMH, 1985.

— *Trois nouvelles religions de la lumière et du son,* Éditions Paulines, 1985.

— La clientèle-cible et ses motivations, *Médium,* n°s 28-29, Automne 1987 p. 18-21.

— *Les conversions aux nouvelles religions: libres ou forcées?*, Fides, coll. Rencontres d'aujourd'hui, 1988.

CHÖGYAM TRUNGPA, *Pratique de la voie tibétaine Au-delà du matérialisme spirituel,* Éditions du Seuil, 1976.

CLAY, Sally, Stigma and spirituality, *Journal of Contemplative Psychotherapy*; The Naropa Institute, vol. IV, 1987, p. 87-94.

COMMUNAUTE CHRÉTIENNE, Du bon pasteur au thérapeute. *La culture psy*, n° 162, novembre-décembre 1988.

CONWAY, Flo & SIEGELMAN, Jim, *Snapping. America's Epidemic of Sudden Personality Change,* Delta, New York, 1979.

CUSTANCE, J. *Adventure into the Unconscious,* Londres, Christopher Johnson, 1974.

DOLTO, Françoise, *L'Évangile au risque de la Psychanalyse,* Editions du Seuil, 1980.

DUMONT, Fernand, *Le sort de la culture,* L'Hexagone, positions philosophiques, Montréal, 1987.

FOGLIA, Pierre, *Les manipulateurs d'âmes,* La Presse, Montréal, 30 janvier- 5 février 1988.

FREUD, Sigmund,

— 1905 *Fragment d'une analyse d'hystérie: Dora,* dans *Cinq Psychanalyses*, Presses Universitaires de France, 1975.

— 1909 *Remarques sur un cas de névrose obsessionnelle (L'homme aux rats)*, dans *Cinq psychanalyses*, Presses Universitaires de France, 1975.

— 1913 *Totem et Tabou,* Petite Bibliothèque, Payot, 1968.

— 1927 *L'Avenir d'une illusion,* Presses Universitaires de France, 1973.

— 1930 *Malaise dans la civilisation,* Presses Universitaires de France.

— 1939 *Moïse et le monothéisme,* coll. «Idées», Gallimard, NRF, 1948.

FRYE, Northrop, *Le grand code. La Bible et la littérature*, Éditions du Seuil, Paris, 1984.

GAGNE, Jacques, La guérison intérieure, réflexions sur ses pratiques, *Pastoral Sciences/Sciences Pastorales*, Université Saint-Paul, Ottawa, vol. 6, 1987, p. 131-143.

HEXHAM, Irving & POEWE, Karla, *Understanding Cults and New Religions*, William B. Eerdans Publishing, Grand Rapids, Michigan 1986.

HILL, Daniel, *Study of Mind Development Groups, Sects and Cults in Ontario. A Report to the Ontario Government*, Toronto, 1980.

LACAN, Jacques, *Écrits,* Éditions du Seuil, 1966.

— *Séminaire,* en cours de publication aux Éditions du Seuil.

LACROIX, Benoît, *La religion de mon père,* Éditions Bellarmin, Montréal, 1986.

LAPERRIERE, Guy, Religion populaire, religion de clercs?, du Québec à la France, 1977-1982, dans Benoît Lacroix et Jean Simard, *Religion populaire religion de clercs?* Institut québécois de recherche sur la culture 1984, p. 19-51.

LAPLANCHE J. et PONTALIS, J-B.,*Vocabulaire de la psychanalyse,* Presses Universitaires de France, 1966.

LASCH, Christopher, *Le complexe de Narcisse. La nouvelle sensibilité américaine,* Robert Laffont, Libertés 2000, 1981.

LEPAGE, Yvon, *La fin est proche. Le discours apocalyptique actuel,* Fides, coll. Rencontres d'aujourd'hui, 1987.

PELLETIER, Pierre, Freud, le Juif infidèle, *Critère*, Printemps 1981, n° 30, p. 195-211.

— Pathologies et religion, *Les cahiers de recherches en sciences de la religion,* vol. 4, 1982, p. 43-67.

— *est*, une nouvelle religion? *SR/Studies in Religion/Sciences Religieuses,* vol.15, n° 1,1986.

— *Un souffle de silence. Méditation bouddhique, Esprit chrétien*, Fides, coll. Rencontres d'aujourd'hui,1987.

— Psycho-pathologie des groupes, *Médium*, n° 28-29, Automne 1987.

— Société psy, psychanalyse et bouddhisme, *Communauté Chrétienne*, vol. 27, n° 162, novembre-décembre 1988, p. 454-463.

PERCEVAL LE FOU, *Autobiographie d'un schizophrène,* publiée par Gregory Bateson, Payot, 1975.

PODVOLL, Edward M., Mania and the Risk of Power, *Journal of Contemplative Psychotherapy*, The Naropa Institute, Boulder Co., vol. IV, 1987, p. 95-122.

RICŒUR, Paul, *Philosophie de la volonté, II: Finitude et Culpabilité,* Aubier, Paris, 1960.

— *De l'interprétation. Essai sur Freud,* Éditions du Seuil, Paris, 1965.

— Le «péché originel»: étude de signification, *Le conflit des interprétations*, Éditions du Seuil, Paris, 1969, p. 265-282.

— L'identité narrative, in Bühler, P. et Hamermacher, J.-F., éd., *La Narration. Quand le récit devient communication*, Labor et Fides, Genève, 1988, p. 286-300.

RUBIN, Jerry, *Growing (up) at Thirty Seven,* New York, 1976.

VARONE, François, *Ce Dieu censé aimer la souffrance,* Cerf, Paris, 1985.

WILBER Ken, *The Spectrum on Consciousness,* The Theosophical publishing house, Wheaton Ill., Madras, London, 1977.

— *No Boundary. Eastern and Western Approach to Personal Growth,* New Science Library, Shambala, Boston, 1985.

— Baby-Boomers, Narcissism, and the New Age, *Vajradhatu Sun,* Boulder, Co., oct.-nov., 1987.

Table des matières

Introduction 7

Chapitre 1 Les nouveaux groupes:
folies ou thérapies 13

Chapitre 2 Les nouveaux groupes religieux:
un danger pour la santé mentale? 25

Chapitre 3 Un névrose obsessionnelle? 35

Chapitre 4 Une hystérie collective? 45

Chapitre 5 Schyzophrénie, manie, perversion 69

Chapitre 6 La «coupure», la «barre», la culpabilité 81

Chapitre 7 Regard sur quelques phénomènes
liés aux nouvelles religions 103

Chapitre 8 De retour à la clinique 117

Notes 133

Bibliographie 137

Collection
Rencontres d'aujourd'hui

Déjà parus

1. **Les fondamentalistes et la Bible**
   Quand la lettre se fait prison.
   Richard Bergeron

2. **Un souffle de silence**
   Méditation bouddhique, esprit chrétien.
   Pierre Pelletier

3. **La fin est proche?**
   Le discours apocalyptique actuel.
   Yvon Lepage

4. **Les conversions aux nouvelles religions**
   Libres ou forcées?
   Roland Chagnon

5. **Damné Satan!**
   Quand le diable refait surface.
   Richard Bergeron

6. **Folies ou thérapies?**
   Regard clinique sur les nouvelles religions.
   Pierre Pelletier

Typographie et mise en pages sur micro-ordinateur: MacGRAPH, Montréal.

Achevé d'imprimer le 15 mai 1989, à Montmagny,
sur les presses des Éditions Marquis,
pour le compte des Éditions Fides.